生 涯 年 収 を 最 大 化 す る 生 き 方

転職と副業のかけ算

moto

扶桑社

はじめに

給料はもらうものではなく「稼ぐもの」

なぜ、年収240万円の地方のホームセンター店員が、年収5000万円を稼ぐサラリーマンになったのか。

新卒で地方のホームセンターに入社した僕は、年収240万円でキャリアをスタートしました。レジ打ちや理不尽なクレームに対応する店員として、盆暮れ正月も仕事に明け暮れ、年末に帰省してくる友人からは「バイトしてんの?」と言われ、切なくなったのを覚えています。

あれから10年。僕は4度の転職と、その経験を活かした副業を通じて、サラリーマンとして年収1000万円、副業では年収4000万円を稼ぐ人材となりました。現在はベンチャー企業で営業部長をやっています。

僕は決して高学歴でも、裕福な家庭に育ったわけでもありません。長野県の田舎で育ち、最終学歴は短大卒です。今でも毎朝、東京メトロの満員電車で通勤し、お昼には吉野家でランチを食べ、年2回のセールの時期を狙って伊勢丹に買い物に行く、ごく普通のサラリーマンです。

多くの人は、高い年収を得るというと「起業して社長になる」とか、「投資で一発当てる」姿を思い浮かべると思います。しかし、実際にサラリーマンを辞めて起業したり、高額な投資をするのは難しい。僕も、そんな一人です。

そこで僕は、**「サラリーマンでいること」のメリットを享受しながら、個人でお金を稼ぐ**という「手堅い立ち位置」を取り、生涯年収を増やす道を選びました。

多くの人が見落としていますが、実はサラリーマンとして得られる経験には大きな価値があります。そして、その経験や知見は、個人でお金を稼ぐための「素《もと》」になるのです。

実際、僕の4000万円という副業収入は、サラリーマンとして働くなかで得た知見や経験や、自分自身の転職経験など、「同じサラリーマンにとって役立つ情報」を発信することで得ています。

こうした**「人の役に立つ情報」というのは、誰もが持っているはず**です。働く時間は人生で最も長い。そのぶん、誰もが多くの経験や知見を得ています。多くの時間を費やし、苦労して働いて得た経験は、同じく苦労しているサラリーマンにとって、大いに役立つ情報になるのです。

僕はずっと、自分という「個人の市場価値」を伸ばそうと考え続けてきました。

そのなかで得た経験や成果に「転職」と「副業」をかけ合わせる――つまり「かけ算」の関係にすることで、生涯年収を最大化させてきたのです。

この方法は、キャリアに悩む多くのサラリーマンがとれる戦略だと思います。なぜなら、**転職と副業は、「誰にでも使える術《すべ》」**だからです。

しかし、この方法を実践している人はまだ多くはありません。「転職したってどうせ年収は上がらないだろう」、「副業をしてもたいして稼げないだろう」。そう考えて多くの人が足踏みをしています。

たしかに、ひとつの会社に腰を据えてじっくり働き続ける選択肢もあります。しかし今の時代、「ただ真面目に働くだけ」では、給料が増えないどころか、サラリーマン生命すら危うくなります。40代半ばで早期退職を迫られる人がいる一方で、新卒でも能力次第で数千万円の年収がもらえる。そんな時代なのです。

給与は「もらうもの」ではなく「稼ぐもの」です。

本書では、これまで僕が培ってきた、転職と副業をかけ合わせて「生涯年収を最大化する生き方や考え方」についてお伝えします。

この考え方はSNSを通じてすでに多くの人から賛同を得てきましたが、今までは断片的にしか紹介できませんでした。そのため本書では、これまで僕が考えてきたことを、できる限り公開したいと思います。

序章では、なぜ今、すべてのサラリーマンに転職と副業が必要なのかを、時代の変化を踏まえて解説します。

続く第1章では、僕が「お金を稼ぐ」という行為に目覚めた幼少期から、短大を出てホームセンターに就職する決断の裏にあった考えについてお伝えします。

第2章では、4度の転職の過程で得た、年収を高めるための思考を当時のエピソードとともに紹介し、第3章と第4章では、年収5000万円を稼ぐに至った、転職と副業の具体的なノウハウをお伝えします。

最終章である第5章では、転職と副業をかけ算し、生涯年収を最大化するこれからのサラリーマンの生き方についてまとめています。

転職も副業も、働き方はもちろん、生き方にも影響します。

僕は、本書を通じて「転職して年収を高めたい」「サラリーマンとしての市場価値を上げたい」「給料以外の収入が欲しい」「老後のお金の不安を減らしたい」と考える人にとって、一つのロールモデルになれたらと思っています。

これからの時代は、会社も組織も自分のキャリアを保証してくれません。自分の身は自分で守るしかないのです。

あなたの人生に「転職」や「副業」をかけ合わせて、自分自身の市場価値や、今後のキャリアを見直してみませんか。

はじめに——給料はもらうものではなく「稼ぐもの」——003

序章
「個人で稼ぐ」サラリーマンが本当の安定を手に入れる時代

正解のない現代社会を生き抜くには——018
個人で稼ぐ力が「安定」を生む——020
企業に依存しないサラリーマンになれ——022

第1章
年収240万円の地方ホームセンターを選んだ理由

「自分の金は、自分で稼げ」ポケモンを売る小学生——028

ゲームの空箱で稼ぐ「転売中学生」――031
アルバイトせずに月20万円を稼いだ高校時代――033
同級生より「2年早く社会に出る」という戦略――034
就活で目の当たりにした「学歴の壁」――038
自分を「商品」として売り込む就職活動――042
大手企業に入ることは「キャリアの正解」なのか――044
年収240万円の地方ホームセンターを選んだ理由――046

第2章

地方ホームセンターやリクルートで学んだ「成果」に繋がる働き方

ホームセンター編　「機会をもらえる環境」で背伸びをする――051
ホームセンター編　未経験でも「挑戦する姿勢」を持つ――055
人材会社編　デキる人を徹底的に「マネる」――059
リクルート編　「企業を成長させる視点」を持つ――063

ベンチャー（楽天）編
「看板のない自分」にできることを考える――066
現職編
経営者目線を「自分」に当てはめる――071

第3章
4度の転職で年収を上げ続けた「転職術」

1 キャリアに対する根本的な考え方

上司の評価より「市場評価」に軸を置く――079
自分の「仕事の意味」を理解する――082
自分の「値段」を把握する――088
市場価値を上げる3つのキャリア設計図――091
道筋①「出世によるキャリア」――091
道筋②「職種のスペシャリストになるキャリア」――092
道筋③「業界のスペシャリストになるキャリア」――092

2 転職活動を始める前に

転職におけるベストなタイミングとは？――096
転職活動は「情報量」がモノをいう――099
「やりたいことがない人」のキャリアの描き方――104

3 転職先の選び方

年収240万円→1000万円を実現した「軸ずらし転職」――107
キャリアを想像する思考法――114
次にいくべき転職先の「選び方」――117

4 4度の転職で培った転職活動の「HOW」

転職エージェント使い方編

転職エージェントから「自分に合った求人」を引き出す方法――120
①「求人大量収集型」エージェント――123

②「一点押し型」エージェント ―― 125
③「寄り添い提案型」エージェント ―― 127
④「業界の事情通」エージェント ―― 130
⑤「ヘッドハンター型」エージェント ―― 132

書類作成編

企業に刺さる「戦略的職務経歴書」の書き方 ―― 134
①相手の「ニーズ」を把握する ―― 137
②「共通点と類似点」を見つける ―― 139
③社内評価ではなく「個人でできること」を書く ―― 142
④自分の「役割」を明確かつ「定量的」に伝える ―― 144
⑤面接での「ツッコミどころ」を用意しておく ―― 146

面接編

自分を採用するメリットを打ち出す面接術 ―― 148
①「何ができる人なのか」を伝える ―― 149
②再現力の高さを証明する ―― 152

③情報の見方と発信の仕方を考える――156

5 内定後に大切にすべきこと

希望年収を叶える「年収交渉術」――158
退職交渉に使える3つのカード――163

6 転職後に持つべき大切な視点

転職先における「人間関係構築法」――167
パフォーマンスを発揮するのは入社3カ月目から――169
転職に「ゴール」はない――172

第4章

本業を活かして稼ぐ「サラリーマンの副業」

「副業年収4000万円」の内訳 —— 177
「本業への余裕」を生む副業の3つのメリット —— 180
①自分を売り出す「個のブランド化」 —— 181
②収入チャネルの増加による経済基盤の確保 —— 182
③本業における「市場価値向上」への寄与 —— 184
個人ブランドを活かした「サラリーマン副業」のやり方 —— 186
①時間を切り売りする「労働集約型」にしない —— 187
②本業や過去経験をお金に換える —— 190
③発信するテーマは「リクルート」をみる —— 192
④自分が稼ぐ「売り上げ目標」を決める —— 194
⑤「転職アンテナ」はなぜ成功したのか？ —— 195

⑥本業と副業の「時間の使い方」――199
Twitterで個人ブランディングから始める――205
①共感性の高いコンテンツでフォロワーを呼ぶ――208
②共感してくれるフォロワーを大切にする――211
③SNSは「万歩計の歩数」と同じ――213
④フォロワーのフォロワー数も意識する――216
副業でお金を稼げない人の特徴――217

第5章 生涯年収を最大化する生き方

副業年収4000万円でもサラリーマンを辞めない理由――222
転職と副業のかけ算で「1万分の1」の人材になる――226
生涯年収8億円をサラリーマンで目指す――229
転職と副業のかけ算――233

おわりに——235

構成　オバラミツフミ（モメンタム・ホース）
編集協力　長谷川リョー（モメンタム・ホース）
ブックデザイン　小口翔平＋喜來詩織（tobufune）
DTP／図版デザイン　松崎芳則（ミューズグラフィック）
編集　秋山純一郎

序　章

「個人で稼ぐ」サラリーマンが本当の安定を手に入れる時代

正解のない現代社会を生き抜くには

ここ数年、「転職」や「副業」という言葉を耳にする機会が増えました。その背景には、漠然とした将来への不安や、現在の給与に対する不満の増加があると思います。

日本は昭和時代の後半に、右肩上がりの急速な経済成長を遂げました。その一端を担ってきた制度として、終身雇用制度と年功序列制度があります。

企業に入れば定年まで雇用が保証され、企業への在籍年数に比例して給与が増える。社員の生活はこれらの制度に守られ、また、そのシステムの維持が結果的に日本企業の発展を支えてきました。

しかし、日本の経済的躍進を支えたこれらの制度はもう終わろうとしています。令和の幕開けを告げたのは、戦後の経済発展を支えてきた日本企業が、相次いで「終身雇用」という仕組みが続かないと明言したニュースです。

日系最大手である「トヨタ自動車」の豊田章男社長が「終身雇用の限界」について言及し、日本経団連の中西宏明会長が、終身雇用について「制度疲労を起こしている」と発表。これから社会人になっていく学生や、すでに働いているサラリーマンにとっては、とてもインパクトがあったと思います。

こうした話題からもわかるように「大企業＝安定」という概念は終わりを迎えようとしています。**昭和と平成を貫いてきた「大企業信仰」は、もはや幻想です。**平成から令和へと時代は変化し、これまでの当たり前が、当たり前ではなくなっているのです。

事実、昨今では日本の経済的躍進を支えてきた大手企業が、大規模なリストラを敢行しています。終身雇用を信じて就職し、会社の指示に従い続けた社員が、ある日突然、リストラ対象となり、上司から早期退職を勧められているのです。

彼らは長い期間会社に在籍し、平均よりも高い年収をもらっています。しかし、それと彼ら自身の「市場価値」は別問題。リストラ対象になったことからもわかる通り、いざほかの会社に移ろうと思っても厳しい転職活動を強いられるでしょう。

時代の変化に伴って、企業だけでなく個人にも変化が求められています。働き方や教育、子育てなど、すべてにおいて〝正解〟がなくなった現代社会を生き抜くにはどうすべきか――。その答えは**「個人で稼ぐ力を持つ」**ことだと思います。

個人で稼ぐ力が「安定」を生む

僕は、これからの時代における「安定」の定義は「企業への依存」ではなく、「個人で稼ぐ力」にシフトしていくと思っています。

昭和や平成時代における「安定」の定義は「大きな企業や組織への所属」にありました。大手企業に就職すれば、年功序列で順番に昇進することができる。給与も在社年数に比例して自然に上がり、クビになることもない。波風立てずに会社に勤めてさえいれば、誰もが退職金をもらって定年退職できる。そう考えられていました。

しかし、現代において「安定した企業」は存在しません。

資金力やブランド力によって、「すぐには潰れない企業」は存在しますが、その組織に自分が所属する＝個人の安定も保証されるわけではないのです。企業が生き残る可能性と、自分がその会社で生き残れるかは別問題なのです。

昨今では、大企業が45歳以上の社員を対象に希望退職者を募集したり、給料カットや企業合併に伴う役職降格、転籍などネガティブな話題に事欠きません。

「大手企業に所属していること」と「大手企業で自分がサバイブできること」は、まったく別の話です。企業の看板を錯覚資産として利用するのはいいですが、「大手企業にいる＝自分は安定している」と、自分自身が錯覚してしまうのは非常に危険だと思います。

「会社にキャリアを用意してもらう」とか「給料はもらうもの」という従来の考え方は捨てて、「キャリアを自分で取りにいく」「年収を自分で上げにいく」「副業を通じて自分でお金を稼ぐ」といった考え方を持つことが必要です。

企業に依存しないサラリーマンになれ

大手企業に所属することが安定だと思っている人の思想は、沈没した豪華客船「タイタニック号」の乗客に似ています。

1912年、当時、世界最大の客船であったタイタニック号は、イギリス・サウサンプトンからアメリカ合衆国・ニューヨークへ向かう処女航海で氷山に接触して沈没しました。事故の生存者であるアーチボルド・グレイシー大佐は「海は鏡のようで、星がはっきり映るくらい水面がなめらかだった」と、沈没前の風景について語っています。

乗船していた誰もが、この豪華客船で、想像を絶する恐怖と向き合うことになるとは思ってもいなかったのです。タイタニックは全16区画のうち4つの区画が浸水しても沈没しないように設計されていましたが、事故が発生してから初めて、それでは十分でないことに気がついたのです。

映画『タイタニック』では、船が沈みはじめたとき、多くの乗客がまだ沈んでいない船首を目指すシーンが描かれていました。誰もが船首を目指し、沈みゆく船に「しがみつくこと」で助かろうとしたのです。

これを企業に例えてみます。会社が倒産しそうなとき、ほかの会社に乗り移るでもなく、ただしがみついていたらどうなるでしょうか。沈没する船にしがみつくことでしか生き残れない人は、沈みゆく船と運命を共にするしかありません。助かるためには**「生き残る力」を自分自身が身につけておく必要がある**のです。

ではあなたは、もし明日、会社に出勤して、上司からクビを宣告されても「わかりました。では次にいきます」と言える状態になっているでしょうか。

「自分はいつだって転職できる」「どんな環境でも、自分でお金を稼げる」「給料以外に収入がある」という状態を実現していくことが**「本当の安定」**に繋がります。一つの会社に依存して働き続けるよりも、複数の会社で経験を積み、自分の市場価値を伸ばしていくことは、一つの自己防衛策なのです。

ただし、乗り換えることだけを目的にした転職や副業はしないでください。いずれも、自分の市場価値を高める「手段」として考えることが大切です。転職や副業は、より高い給料や新たな成長機会、自分の置かれた環境を変えるために誰もが使うことのできる手段です。どんな船でもいつ沈むかわからない現代では、それらを駆使して**「いつでも乗り換えられる状態」**にしておくことが大切です。

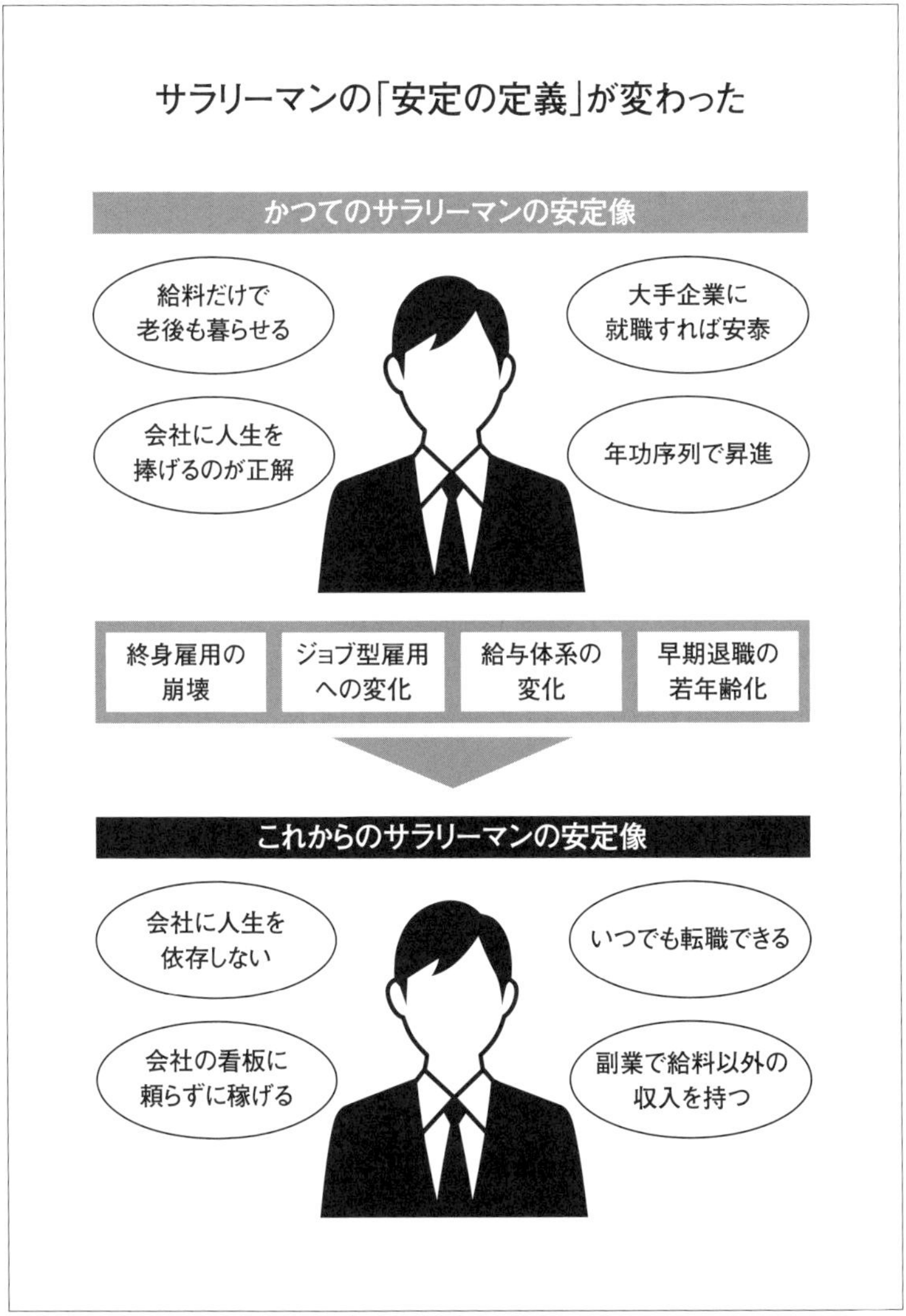
サラリーマンの「安定の定義」が変わった
かつてのサラリーマンの安定像
給料だけで老後も暮らせる
大手企業に就職すれば安泰
会社に人生を捧げるのが正解
年功序列で昇進
終身雇用の崩壊
ジョブ型雇用への変化
給与体系の変化
早期退職の若年齢化
これからのサラリーマンの安定像
会社に人生を依存しない
いつでも転職できる
会社の看板に頼らずに稼げる
副業で給料以外の収入を持つ

第1章

年収240万円の地方ホームセンターを選んだ理由

第1章からは、僕がこれまでの人生をどのように歩み、どのようなことを学んできたかについてお伝えします。

まずは、幼少期から新卒でホームセンターに入社するまでの話です。僕のキャリアに対する考え方の土台は、この過程で固まりました。

なぜお金を稼ぐことに興味を持ったのか、なぜ短大を選び、〝あえて〟地方のホームセンターに入社したのか。そのときに取った選択の裏で、僕が考えていたことをお伝えします。

「自分の金は、自分で稼げ」ポケモンを売る小学生

僕の父は、とても厳しい人でした。

特に「食」と「お金」、「時間」に厳しく、幼少期から外食はもちろん、カップラーメンなども禁止され、中学生になってもカラオケや焼き肉、ボウリングは禁止、門限

は17時を厳守、テレビは一日1時間までと、一般的な家庭に比べて、かなり制限のある幼少期を過ごしてきました。

とりわけ「お金」に厳しく、小学生の頃からお年玉やお小遣いをもらった記憶は一切ありません。そもそも我が家には、お小遣いという制度がなかったのです。

父はとても仕事熱心な人で、20代で独立して家具の販売をしていました。父は元々、シイタケやミョウガを売って生計を立てる貧しい家庭で育ったと聞いています。その幼少体験や自営業で苦労をした経験から「お金を稼ぐ大変さ」をよく知っていたのでしょう。口癖は「自分の金は、自分で稼げ」でした。

お金や時間については、一切自由にさせてもらえませんでしたが、家族とのコミュニケーションを大切にしてくれる父が好きでしたし、誇りに思っていました。

一方で、僕は小学生でも自分のことは自分でやらなければならず、好きなものや欲しいものを買うために、**自分でお金を稼ぐ必要がありました。**

当たり前にお小遣いをもらう友達や、自分が欲しいものを見たときに「もっとお金があったら……」と、切ない思いをしたことを覚えています。

僕が最初に自分でお金を稼ぐ体験をしたのは小学生の頃です。当時ブームだったゲーム『ポケットモンスター』を、親戚からもらったお年玉で購入し、ゲームの最初でもらえるポケモンを同級生に売ることでお金を稼いでいました。

ポケモンはゲームがスタートする際に、「ほのおタイプ」、「みずタイプ」、「くさタイプ」のいずれか一体を選び、ゲームを始めます。最初の3体のうち、選ばなかった2体のポケモンは、ゲームをいくら進めても捕まえることはできません。

僕はそこに、目をつけました。

「みんなが持っていないポケモンを友達に売れば、お金になるのではないか？」

思った通り、ポケモンは飛ぶように売れました。ゲームを進めず、毎回リセットしてポケモンを手に入れ、欲しがっている友人に売る。そうすることで100円、200円、300円……と、お金が増えていったのです。

以前は、親にお小遣いをもらえる友達を、うらやましく思っていましたが、こうした体験から**「自分でお金を稼ぐ楽しさ」**を知るようになりました。そして僕は、中学・高校時代も「お金を稼ぐこと」にどんどんハマっていったのです。

ゲームの空箱で稼ぐ「転売中学生」

中学に入った頃には、中古で買ったゲームをより高く売る「転売」にハマっていました。新作ゲームを買った友達に「そのソフトの箱、もらってもいい?」と聞いて回り、不要だという友人たちから箱を譲り受けます。そのままゲームショップに行き、同じタイトルのゲームソフトで「中古・箱なし」のものを購入し、もらった箱に入れて売るのです。

そうすると、買った値段よりも少し高く買い取ってもらえます。特に、マジックで名前が書いてあるソフトは安く買えるため、購入後にシンナーで名前を消し、新品の箱に入れて売却すると、とても高い利益が出ました。

友達にとってゴミ同然の空箱でも、僕にとっては価値がある。

中学生時代でとりわけ印象的だったのが、当時大人気だったゲームタイトル『ゼルダの伝説 ムジュラの仮面』の転売です。

『ゼルダの伝説』シリーズは、世代を問わず人気のゲームで、『ファミ通』や『コロコロコミック』でも以前から話題だったため、発売直後に品薄となることは容易に想像できました。

しかし、僕の地元ではそこまで人気がないタイトルだったため、近所のゲームショップには大量の在庫があったのです。まさに宝の山。ソフトを買えるだけ購入し、その日のうちにオークションに出品。案の定、発売日に入手できなかった人たちに、定価よりも高く売却できました。

この頃から、ゲームをプレイする人たちを相手に商売をすることに楽しみを見いだすようになっていきました。

アルバイトせずに月20万円を稼いだ高校時代

高校生になった僕は、ゲームの転売だけでなく、インターネットを使ってお金を稼ぎ始めます。

特に儲かったのはオークションでの**「誤字商品の転売」**です。

例えば「クリスチャンディオール」というブランドのスペルを、「Dior」ではなく「Diol」と打ち間違えて出品された商品を検索します。こうした商品は本来の「Dior」というワードで検索に引っかからないため、底値で落札できるのです。この手法で多いときには月20万円ほどを稼いでいました。

もう一つは、RMT（リアルマネートレード）といって、オンラインゲームで得たアイテムやコインを現金で販売する方法です。

僕の家は田舎なので、当時のインターネット回線はＩＳＤＮのみ。そこで、ＩＳＤＮでもアクセスできる2Dのオンラインゲーム『メイプルストーリー』を選び、ゲーム内のアイテムやコインを集めることにしました。

学校が終わるとすぐに帰宅し、親の目を盗んでゲームに没頭。ゲーム内で稼いだコインをネットで販売します。この方法は自転車でゲームショップをはしごするより圧倒的に効率もよく、高校生のお小遣いとしては十分な額を稼ぐことができたのです。

アルバイトなどをせずに**「どうしたら、効率よくお金が稼げるか」**という**思考**を回した高校時代の経験は、今の副業の考え方の原点にもなっていきます。

同級生より「2年早く社会に出る」という戦略

オンラインゲームに没頭していた高校時代も、気がつけば受験の時期に。当然のようにテストの成績はすこぶる悪く、学年でも下から数えて3番目。「このままではマズい」と思った僕は親からお金を借り、家庭教師を雇いました。パソコンも売り、オンラインゲームのアカウントも削除。食事の時間以外はすべてを勉強に捧げ、元日も12時間は机に座る日々です。

その成果もあり、受験シーズンには「どうにか都内の上位私立大には行ける」というレベルまで成績を上げたのですが、ここで「お金の問題」が浮上します。

両親からは、大学の学費はもちろん、家賃や生活費も援助しないと宣言されており、4年制の大学を卒業するには、奨学金を借りないといけない状況でした。しかし、奨学金を借りたら、卒業後に数百万円の借金を背負った状態で社会人生活をスタートすることになる……。

悩んだ末に僕が出した答えは、地元の短大への進学でした。地方の公立短大なら学費や生活費も安い。そのうえ2年間で卒業して、**同級生より早く社会に出ることに、大きなメリットを感じた**のです。

2年間本気で働いて結果を出せば、2年後には四大卒より高い給料を得られるかもしれない。借金を返済しながら働く四大卒の同級生たちよりも稼げるかもしれない。短大卒と四大卒では初任給に大きな差はありますが、その差は自分次第で埋められると考えました。

僕が選んだ短大は、もともと女子短大です。男女共学になって2年目だったため、男女の比率は1：99。そこは「圧倒的女子の世界」でした。
入学当初、隣に座った女子に「男子が入学したって聞いたから楽しみにしてたのに、ただのオタクじゃん」と、目の前でバカにされ、初めてのひとり暮らしからくる不安もあって、退学しようかと真剣に悩んだことを覚えています。

自分なりに身なりや話し方を工夫し、徐々に「印象が変わったね」と言われるようになった頃、僕は初めてブログを開設しました。自分が置かれた特殊な学生生活を題材にブログを作ったところ、これがヒットし、なんと一時的にブログのアクセスランキングで芸能人を超えて1位を獲得したのです。この経験は、のちの自分のキャリアに大きな影響を与えることになります。

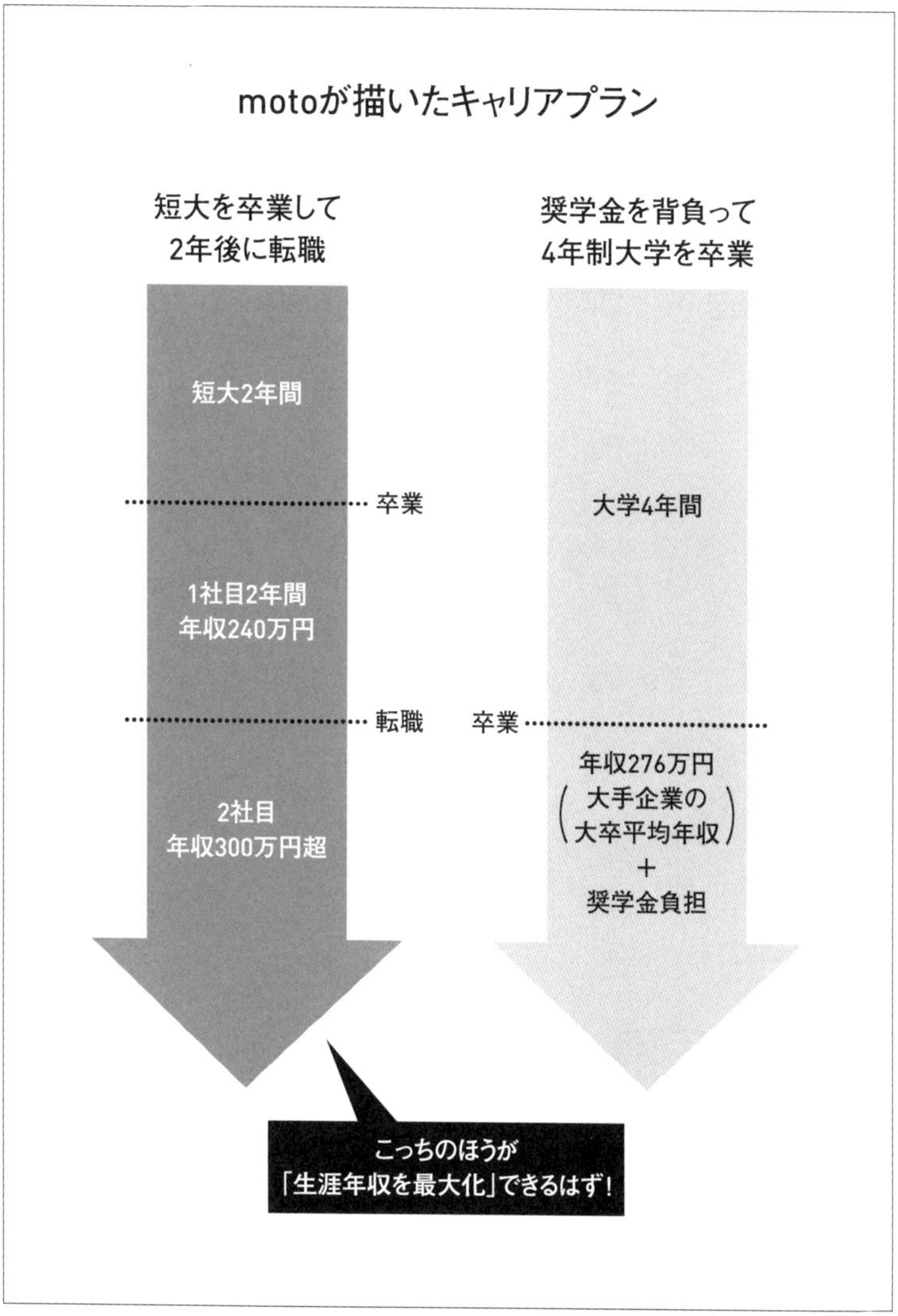
motoが描いたキャリアプラン
短大を卒業して
2年後に転職
奨学金を背負って
4年制大学を卒業
短大2年間
卒業
大学4年間
1社目2年間
年収240万円
転職
卒業
2社目
年収300万円超
年収276万円
（大手企業の
大卒平均年収）
＋
奨学金負担
こっちのほうが
「生涯年収を最大化」できるはず！

入学して半年が過ぎた頃には「学内における自分のポジションをもっと確立したい」と考えるようになりました。ちょうど学生会の選挙の公募が始まっていたので、会長に立候補し、選挙に出ることにしたのです。

しかし、女性比率9割の環境で無名男子が勝つには戦略が必要でした。思案した結果、僕は「トップを口説いてみよう」と考え、学長と県の教育委員会に直接話をしにいきました。

「僕が生徒会長になって、男子の新入生を獲得する広告塔になります」

そう訴えたところ、教授たちが集まる教授会で演説する機会をもらい、最も影響力のある教授の力を借りることができたのです。

結果、多くの票を獲得してみごと当選。この**「トップにアプローチする」という考え方**も、のちの社会人生活で大いに役立つことになります。

就活で目の当たりにした「学歴の壁」

短大は入学した年に就職活動がスタートします。同級生の多くは地元の銀行へ就職したり、公務員になるのが一般的でしたが、僕は「稼げるサラリーマン」を目指すために、東京の大手ＩＴ企業に絞って就職活動を開始しました。

高年収の代表格には外資系企業や不動産、金融業界があります。ただ、外資系は学歴でＮＧ、不動産はインセンティブの割合が多いため不安定要素があるし、なにより体育会系のカルチャーが自分と合わない。金融業界は年功序列や社内政治に左右されるというイメージがあったため、残る選択肢として、年収の高かった大手ＩＴ企業に絞ったのです。

しかし、そもそも大手企業の大半が四大卒か院卒しか受け付けておらず、**短大卒では日系大手企業でもエントリーすらできない。**

それでも「学歴で仕分けされてたまるか」と怒りをエネルギーに変え、自分が受けたい企業に片っ端から電話。「短大でも履歴書とエントリーシートだけは送らせてください」とお願いしました。

しかし、電話しても「ネットから応募してください」「人事にお繋ぎすることはできません」と断られることが9割。まさに学歴の壁に阻まれたのです。

そこから自分なりの工夫が始まります。一度会ったことがあるかのような親しい感じで電話をしたり、代表電話のときだけ大学の職員を装って人事に繋いでもらったり、**社長に直接メール**を送ったり……。

社長のメールアドレスは当然知らないし、面識もありません。しかし、就職活動中にもらった社会人のメールアドレスを見ていると、名字と名前、ドメイン名で構成されているパターンが多くあるため、いくつかのパターンを作って社長宛てに送ってみたのです。

「突然メールを送るご無礼をお許しください。どうしても御社で働きたく、勝手ながら履歴書を添付させていただきました。もし可能であれば人事に繋いでいただけないでしょうか」

この方法は非常に有効で、大手ＩＴ企業の社長などから返信をもらい、人事を紹介してもらえました。

こうした行動を続けるうちに社長がじかに面接をしてくれたり、人事に「直接連絡してくる就活生は珍しい」と面白がられてエントリーさせてもらったり、「高卒扱いでもよければいいよ」と、特別に選考を認めてくれる会社が出てきます。

せっかく掴んだチャンスは逃せない。僕は四大卒に負けないようにと、**自分なりにプレゼン資料を作って面接官に配ったり、自分でサイトを作って紹介**するなど、あらゆる手段を用いて自分をアピールしたのです。


しかし、それでも学歴の壁は大きかった。企業だけでなく面接会場で一緒になった就活生からも「え、19歳？　短大？」「短大枠とかあるの？　コネなの？」と、嫌みを言われた経験は一度や二度ではありません。

転売などで貯めたお金で上京し、親戚の家や一人でホテルに泊まって会社を訪問する毎日。企業に受け入れてもらえないどころか、同じ就活生からもバカにされる状況に、四大への編入を考えたり、「もう就職できないかも……」と、夜行バスの中で泣きそうになった記憶もあります。

それでも必死に何社も受け続けた結果、今や日本を代表するIT企業となった通信会社や、日本最大級のECサイトを運営する企業から内定を頂くことができました。電話で「内定」と聞いた瞬間、震えるほど嬉しかったのを覚えています。

自分を「商品」として売り込む就職活動

今思えば、当時の僕の就職活動は完全に営業です。

面接では、自分自身の実体験をもとに、応募先企業がこれから取り組むべきことや、自社サイトの改善点について列挙し、「自分ならこのような改善ができる」というアピールを繰り返したのです。

例えば、大手ECサイトを運営する企業には、僕自身が田舎出身でECサイトをよく使っていた経験から、このような〝提案〟を投げかけました。

「地方にこそECサイトが必要です。しかし、地方にはインターネット環境が整っていないエリアもまだ多くあります。僕の実家もいまだに携帯電話の電波が届かず、結局、車で買い物に出かけています。今後はＥＣだけでなく、ＥＣを使うためのインフラを整える事業にも乗り出すべきです。携帯電話事業などもやるべきではないでしょうか」

世間知らずだったこともあり、根拠のない自信だけを頼りに堂々と提案していたのでしょう。今振り返ってみると、こうした姿勢も内定に繋がったのだと思います。

内定が出はじめてからはどこか自信がついてきて、**一度断られた大手企業にも再度アタック**を敢行。「Ａ社に内定をもらったのですが、御社も諦めきれないので、まだ枠に空きがあればぜひ選考に参加させていただけないでしょうか」と、電話で再交渉し、再び面接の機会をもらったりしました。

「内定の実績があります！　自分はこんなことができます！」という安っぽい資料を作ってメールを送り、面接で落ちるたびにその資料をアップデート。さらにほかの会社にも送り、受かるかどうかを試していました。

その行動自体がとても楽しかったので、当時から営業の適性があったのかもしれません。自分を商品化し、「これまでの経験を御社ではこんなふうに役立てることができます」と面接でアピールするアプローチ方法は、今でも役立っています。

大手企業に入ることは「キャリアの正解」なのか

短大卒ながら大手企業に内定をもらったことは、大きな自信になりましたし、当時は東京で働くのが楽しみで、迎える新生活にワクワクしていました。

しかし、内定通知書を見て、ふと我に返ったのです。

「大手に入って、僕は何がしたかったんだ？」

内定企業の平均年収を調べてみると、実はそこまで高くはなく、しかも初任給にいたってはどこも横並び。入社後の仕事内容も「総合職」であるため不透明でした。また、最終面接で対応してくれた役員のキャリアを調べてみたところ、いずれも「転職組」が大半なのです。

就活にありがちなことですが、いつの間にか**「大手に内定すること」がゴールになってしまっていた**のです。勝手に、「大手＝年収が高い」と決めつけていた僕は、本来の目標とする「お金を稼ぐための道筋」として、このキャリアが本当に正しいのかと、改めて考えました。小学生の頃、「ゲームソフトの値段が今後どのように値上がりするか」を考えていたように、「この会社における自分の年収（値段）は、中長期的な視点で上がるのか？」を考えたのです。

もし仮に新卒で入社しても、短大卒というハンディを背負いながら役職につけ、年齢とともに給料を大きく上げることは難しいのではないか。

そもそも短大を選んだのは、2年早く卒業することで同年代よりも早く市場価値を上げ、生涯年収を高めるため。しかし、実際に就職活動をしてみると、規模が大きな企業はもれなく総合職採用ばかりで、希望の部署に配属される可能性が低く、入社後に何をするかもわからない。そのうえ会社都合で地方転勤の可能性すらある。**どこも「2年先」の状況が見えない**ものばかり……。

考えれば考えるほど、ネームバリューのある企業への就職が正解だとは思えなくなったのです。

年収240万円の地方ホームセンターを選んだ理由

この気づきから、僕は就活の軸を大きく変えました。

ちょうどその頃、テレビで「若くても実績のある人は企業からヘッドハンティングされ、20代で年収1000万円も叶う時代になった」という話題を目にし、実績を上げることで転職し、それによってキャリアを築くという選択肢に気がつきます。

短大卒でも大手企業から内定をもらえている。それなら自分が旗を掲げやすい環境で実績をつくり、転職でのし上がったほうがいいのではないか。

たとえ初任給が安くても、将来への投資だと割りきる。そのかわり、自分が早期に評価される会社に入り、**実績を出して転職でのし上がろう**。そして10年後の30歳では、サラリーマンで年収1000万円を稼ごう。そう決めました。

では、自分が早期に評価される会社とはどんなところなのか。そう考えたとき、就職活動で出会った優秀な社員に言われた「短期で結果が出せる」「自分が自由にやっても怒られない」「転職で評価される実績が出せる」という言葉を思い出したのです。

就職先として検討していた企業の選考がすべて終わった後、僕は地元のホームセンターの面接を受けました。

普段からよく買い物をしていたホームセンターだったのですが、いつ行っても店内のレイアウトが雑で、価格設定も近隣の店舗と比較するといまいち魅力がなく、素人目線でも改善点を挙げられるようなお店でした。キラキラした雰囲気もなければ給料も高くない。地元に根ざした「ＴＨＥホームセンター」です。

ただ、このホームセンターはそれまで受けていた大手企業と違い、**入社後に自分がやるべきことが〝解像度高く〟描けました。**店舗のレイアウトを変更したり、商品の値段や広告の構成を変えれば、自分でも確実に今よりもいいお店にできる。そんな根拠のない自信がありました。

迎えた就職試験では、「僕ならお店をこう改善します」と、意気揚々と社長にプレゼン。生意気なことを言ったにもかかわらず、社長は、「じゃあ、やってみてよ」とその場で内定を出してくれました。

面接で社長が言ってくれた「まずは現場からやってみなさい。必ず君を引き上げる」という言葉も後押しになり、その場で内定を承諾。しかし、その意思決定を親や同級生に伝えると、返ってきたのは猛烈な反対の声でした。

「絶対に大手企業に行ったほうがいい」

「ホームセンターから転職なんてできるわけない」

「それなら大学に編入したほうがいい」

彼らのアドバイスはみな同じでした。しかし僕は、ホームセンターには絶好の成長機会があると考えていた。自分でこのキャリアを正解にしていくしかない——そう決意し、ホームセンターに入社したのです。

結果的に、年収240万円でスタートしたホームセンターのキャリアは、10年後に年収1000万円を稼ぐ営業部長への第一歩となりました。

第2章

地方ホームセンターやリクルートで学んだ「成果」に繋がる働き方

第2章では、僕がキャリアアップをする過程で学んだ「働くうえでの考え方」についてお話しします。

改めて僕の職歴を簡単にお伝えすると、新卒で入社したホームセンターから大手人材会社に転職。その後リクルート、IT系ベンチャー（のちに楽天が買収）、広告ベンチャーと4度の転職をしています。

年収の推移は240万円（ホームセンター）→330万円（大手人材会社）→540万円（リクルート）→700万円（楽天）→1000万円（広告ベンチャー）です。

第3章で後述しますが、転職で年収を上げ続けるためには、様々なテクニックがあります。しかし、その大前提として、年収を上げる転職には**「今いる会社」で成果を出す**ことが必要です。特に20代のうちは、高い給料を追い求めるより「自分のスキル」を貯めたほうが長い目では大きな価値になります。

僕も行く先々の会社で成果を出すために頭と体に汗をかいて働いてきました。その過程で得た経験や知見こそが、転職で年収を上げる大きな要素なのです。

転職も副業も、まずは本業を頑張ってこそ成り立ちます。年収240万円のホームセンターの店員から、年収1000万円のサラリーマンになる過程では、本当に多くの学びがありました。僕が日々の仕事のなかで学んできた「働くうえでの考え方」について、実際のエピソードをもとにお話しします。

ホームセンター編

「機会をもらえる環境」で背伸びをする

新卒で入社したホームセンターでの最初の仕事は、レジ打ちをして商品を袋に詰めるチェッカーとサッカーという仕事と、サービスカウンターにやってくる理不尽なクレーム客への対応です。アルバイトと同じような仕事でしたが、こうした環境下でも、僕はあきらめずに行動しました。

「何をしても同じ給料なら、ムダに働かないほうがいい」という同期が多かったですが、僕は「自分の経験値」を優先して働くことを意識し続け、**誰よりも「自分を成長させる機会」をもらう努力をした**のです。

ホームセンターに入社した僕がまず取り組んだのは、**「自分が目指す姿」や「やりたいこと」を周りの人に言い続ける**ことです。

前述の通り、僕は転職を前提に入社しています。しかし、そこは本音と建前で、入社初日から「僕は将来、店長になりたいです」と、同期や役員の前ではっきりと意思表明をしました。

会社から与えられた仕事だけをしていたら、本当にアルバイトと変わりません。だから「店長になりたいから経営会議に出させてください」とか、「店長になりたいので、お店の数字を見させてください」というコミュニケーションを、しつこいくらいしたのです。

当然、こんな新入社員は先輩社員からよく思われません。生意気でめんどくさい新入社員が入ってきたとたちまち噂になり、「立場をわきまえろ」「新入社員が偉そうに」などと、嫌みを言われていました。

しかし、自分なりに「こうなっていきたい」とか「こうしていきたい」という具体的なメッセージを発信すると、良くも悪くも、周りの人に自分を覚えてもらうことに繋がります。「店長になりたいとか言ってた生意気なヤツだ」と認知され、からかうために無茶な仕事を振ってくる先輩たちまで現れました。

「新店舗のレイアウトを考えるけど、一緒にやるか？　まあ、お前じゃ徹夜になるだろうけど」

あきらかにバカにされていましたが、僕にとっては大きなチャンス。当然、引き受けます。店舗のレイアウト変更は入社5年目以降の仕事とされていたので、入社4カ月目に経験できたことは、とてもラッキーでした。

また、新入社員という立場を利用して、社内政治を無視した発言もしていました。1社目では部長があきらかに間違った発言をしても、何も言えない空気がありましたが、部長はどう考えても間違った発言をしているのです。「そのデータの取り方、違うと思いますよ」と雰囲気を無視して積極的に意見し、その場が凍りつく経験を何度もしました。

しかし、結果として自分の考えが売り上げに繋がったことから、徐々に周りに認められ、入社半年ほどで店長会議にも参加するようになります。

しかし、いざ出てみると9割以上は話の内容が理解できません。「ああ、やってしまった……」と思いながらも、「確かにそうですね」とか「難しい問題ですよね」と、精一杯の知ったかぶりをしてその場を乗りきっていました。

会議後には、「すみません。さっきの内容をもう一度全部説明してもらっていいですか?」と店長に聞いて、笑われたのを覚えています。もはや、しがみつくような感じで毎日仕事をしていました。


当然のことながら、背伸びをして働いていたぶん、仕事は本当にキツかったです。言われたことがわからないというより、知らないことばかりで、とにかく失敗ばかり。虚勢を張って「できます! やります!」と手をあげた後に「どうすればいいのかな」と悩む日々で、休日も出勤したり、ほかのお店の先輩に相談したりと、自分なりに解決策を考えて行動していました。

しかし、その甲斐あって、**入社1年後には同期より圧倒的に多くの知識と経験を得ていました**。同じ仕事の話をしても、物事を見る目線や考え方が大きく変わっていたのです。同じ環境下で同じ仕事をしていても、機会によって得られる経験値は大きく変わる。それを強く実感しました。

改めて振り返ってみると、機会を待つのではなく、機会を取りにいき、その機会に全力を尽くしたことが自分の経験値や成果に繋がったのだと思います。

のちに入社するリクルートには「自ら機会を作り出し、機会によって自らを変えよ」という社訓があります。それは自分の市場価値を高める本質的なメッセージだと、身をもって痛感しました。

ホームセンター編

未経験でも「挑戦する姿勢」を持つ

自分から機会を取りにいったことで、接客業とはいえ、店舗のレイアウト策定や、新卒採用の責任者など、幅広く仕事の機会をもらうことができるようになりました。特に、新卒採用の責任者という機会をもらえたことは、僕のキャリアに大きな影響をもたらします。

当時の僕は採用に関する知識は一切ありません。全くの「未経験」です。そこでまず、大手求人媒体の営業マンに話を聞くことから始めました。右も左もわからないなか、大手人材会社に提案された価格を見て「人を採用するのに、こんなにもお金がかかるのか……」と、痛感したのを覚えています。

ちなみに、当時の社長からのオーダーは「新卒で東大生を10人採用してほしい」という完全なる無理難題です。予算が少ないため、求人媒体の利用は諦めるしかない。それでもこの機会をムダにしたくないため、「絶対に無理だけど、何かできることをしよう」と、考えを巡らせていました。

「学生時代にブログでアクセスを稼いだ経験があるし、大手から内定を獲得した経験を活かして就活ブログで集客してはどうか」

採用する側の目線と、自分の就職活動経験を綴った就活ブログの活用を考えたのです。当時の僕が成果を出すためには、**自分が培った過去の経験を活かす**しか選択肢はありませんでした。

最初は会社のブログとして展開しようと思いましたが、新しいやり方に難色を示す役員が多かったため、説得する時間を考えて、ひとまず個人ブログを立ち上げて様子を見ることに。「大手を蹴ってホームセンターに就職した話」を皮切りに、仕事終わりにブログを更新していると、徐々に読者が増えていきます。

するとある日、「うちの採用アドレスに、問い合わせが殺到してる！」と会社から連絡が。なんとブログに載せていた僕の就活記事が「Ｙａｈｏｏ！ニュース」のトップに掲載されたのです。これをきっかけに就活生への認知度が一気に上昇。地元企業からも「うちを取材して記事にしてほしい」という依頼がくるようになりました。完全に予想を超える事態です。

僕の就活ブログはその後も読み続けられ、ホームセンターの採用活動にも貢献することになります。翌年からは会社として取り組むことも決まり、継続して採用担当をお願いしたいという話をもらっていました。

しかし、ホームセンター入社時からの僕の狙いは「次のステージ」に進むこと。つまり、転職です。

実はその頃、評判を聞きつけたある人材企業から、ブログの買収オファーをもらうのと同時に、僕個人にも転職のオファーが舞い込んでいたのです。採用責任者として現場のリアルな情報をインプットし、ユーザーに対して有益なかたちでアウトプットしていたことが、最初の転職への道を開いてくれました。

ブログという過去に培った得意な手段を使い、**獲得した機会のなかで最大限の成果を出す**。それが結果として最初のキャリアアップに繋がったのです。

仕事に慣れてくると、どうしても〝すでにできる仕事〟ばかりをしがちになります。そうではなく、やったことのないことに挑戦する機会をもらい、そこで成果を出す。これが次のキャリアに進むうえで大切な姿勢だと思います。

人材会社編

デキる人を徹底的に「マネる」

ブログをきっかけに転職した2社目の人材会社では、営業職の傍ら新卒学生の集客をミッションとして任されました。とはいえ僕は未経験かつ知識も不十分。足りない点は社内のメンバーを頼りながら補うしかありません。

いち早く即戦力になりたいと考えた僕は、ホームセンター時代には学べなかった「営業スキル」を身につけるべく、**仕事の早い上司のマネを徹底**することにしたのです。

仕事の早い上司の動きを見ていると、メールで「お」と打つと、自動で「お疲れ様です」と変換されるショートカット機能を使っていたり、誰もいない早朝に出勤して、重要な仕事は午前中に終わらせていたり、二次会に参加せず睡眠を優先させたりしています。
それは誰にでもできることです。けれど、こうした些細なことが仕事に影響するのだと考えて、徹底的にマネをして「自分のモノ」にしていきました。

この「徹底してマネをする」という行動は予想以上の結果に繋がり、入社3カ月目には新卒領域のエリアマネジャーに抜擢されています。
新卒領域は、人材業界の最大手であるリクルートが最もシェアを持つ領域です。そのなかで僕が任されたのは、リクルートでさえも集客に苦戦しているエリア。営業未経験ながら「自分が顧客に役立てることは何か」と考え、必死に取り組んでみたものの、思うような成果を出せない。当時は上司に詰められる毎日を過ごしていました。

そこで僕は、他のエリアでトップの成績を出している人に、「終日同行させてもらえないか」と、お願いをします。自分との差はどこにあるのか。どんな営業トークをしているのか。日頃からどんな優先順位で仕事をしているのか――。あらゆることをマネして自分にインストールしたいと考えたのです。

次の日からは、トップ営業マンがやっている仕事内容を徹底コピー。すると、「自分の実力とのギャップ」や、「もっとこうしたほうが売れるかもしれない」という気づきが見え始めてきます。

それまでの僕は、カッコよくスマートな営業に重きを置いていました。しかし、実際に成果に繋がる行動はカッコいいやり方などではなく、地を這うような泥臭い「足を使った営業」だったのです。

また、行動をマネするだけでなく、彼らが見ている景色を知ることも重要でした。トップ営業マンはみんな、**「相手の視点に立って、徹底的に物事を考える」**という姿勢を持っています。常にお客さんのために行動しているのです。

こうした視点を得たことで徐々にコツを掴み、自分が担当するエリアにおけるシェアは徐々に伸びていきました。

そんなある日、コンペで一緒になったリクルートの社員から、「今度、うちに遊びにきてくださいよ」と、声がかかります。競合とはいえ機会をもらったので面白半分でリクルートのオフィスに行くと、通されたのは小さな部屋。そこには役員とＧＭの２人が座っていました。

部屋に入った瞬間、「めっちゃシェア伸ばしてるらしいじゃん。うちで働いてくれるって聞いたけど、ほんと？」と、本気なのか冗談なのかわからないスカウトを受け、生い立ちからこれまでのキャリアについて、延々と話をしました。

こうしてリクルートのカルチャーや考え方に共感した僕は、２度目の転職を決意。提示された年収は５４０万円。**社会人４年目にして年収を３００万円増やした**のです。

デキる人を徹底的にマネて、自分のスキルに落とし込む。他人の知見や経験を自分の血肉にして、成果に繋げる。地道な基礎の積み重ねこそが、成果を出す近道であることを学んだ僕は、今でもこの姿勢を大切にしています。

リクルート編

「企業を成長させる視点」を持つ

リクルートでは新卒領域の「リクナビ」の営業と、学生集客を担当しました。グラントウキョウサウスタワーに出勤し「お前のデスクはひと月11万円だから、それ以上の価値を出せ」と、詰められる日々のスタートです。

転職して間もない頃、学生の集客を担当するなかで、企業向け資料作成のために、就活生にアンケートを取る機会がありました。

「入社する企業を選ぶ基準は何ですか？」という質問に対して、当時最も多かった回答は「将来的にどの会社でも活躍できるスキルを得られる企業」。具体的な社名を聞くと、リクルートやサイバーエージェント、ＤｅＮＡなどが挙がります。毎年、就活生にとても人気のある企業群です。

実は僕も、リクルートに入社した当初は、同じように「活躍できるスキルが欲しい」と考えていました。しかし、そんな甘ったれた考えの僕に、当時の上司はこう言いました。

「リクルート事件があった当時、明日にも会社が潰れそうな状況で俺たちが採用したかったヤツは『活躍できるエリート学生』とか『前職で優秀だったヤツ』なんかじゃない。明日潰れるかもしれないリクルートという会社で、会社を潰さないために一生懸命努力できる人間だ。そういうスタンスのある人間はどんな会社でも、活躍できる。どこで働くかじゃない、自分のスタンスの問題だ」

飲み屋でこの話を聞いたときは、自分が恥ずかしくなったのを覚えています。大切なのはスキルじゃない。目の前のことに一生懸命になるとか、絶対にやりきるという「考え方」や「姿勢（スタンス）」、「目線」なのだ、と。

これこそ「どの企業でも活躍できる人」に共通する素地なのだと思います。

「将来的にどの会社でも活躍できる力をつけられる会社にいきたい」というのは、向上心があるように見えて、根底にあるのは受け身の姿勢です。
会社というのは、自分が何かを学ぶためにある場所ではなく、お金を生み出し、世の中をよくするための組織です。そして、**どこでも活躍できる人とは、組織を成長させられる人**です。

また、働くうえでは「自分が成長できる企業はどこか？」という自分視点だけでなく「自分が成長させたい企業はどこか？」という視点も併せ持っていないと、いつまでも受け身の姿勢でいることしかできません。会社によりかかるだけでなく「会社を成長させる力」を持つことが大切なのです。

会社のあらゆる機会を利用して自分が成長しつつ、どんな会社の成長も牽引できる人材。これこそが「市場価値の高い人材」です。リクルート時代の上司の言葉は、自分のスタンスを見直す大切な機会になりました。

ベンチャー（楽天）編

「看板のない自分」にできることを考える

「個人の力で勝負したい」と考えるようになった僕は、リクルートでの営業経験を活かして3度目の転職をします。

入社したのは、小売り業界に対して来店客向けのソリューションを提供するITベンチャー企業。新聞の購読率が下がり、チラシによる広告効果が薄れるなかで、新たな集客手段を営業する仕事でした。

とはいえまったくの無名企業。なおかつサービスを開始したばかりで導入企業も少ない状況です。

少数精鋭のチームで営業活動を始めましたが、新規のテレアポはまったく通りません。改めて自分の力のなさを痛感しました。

資金も人も少ないなか、営業として入社した僕は、ただただ焦ります。
「どうにかアポを取らないと、この会社の成長に貢献できない」
そこで思いついたのが、就職活動で実践していた「社長のメールアドレスを特定する方法」です。

僕はリクルート時代から、新規アポを取る際に「社長」、または「取締役」にアプローチする**「トップアプローチ」にこだわり続けてきました。**現場担当者へのアプローチに時間をかけるよりも、経営層へ直接アプローチするほうが意思決定が早く、導入後の展開もトップダウンでスムーズに展開できるからです。ムダな交渉に時間を割く必要もありません。

また、社長や役員への提案は小手先の話では通らないため、準備過程において自分自身の提案力だけでなく、視野を広め視座を高める機会にもなります。直接社長と対面して提案することは、自分自身にとっていい経験になるので、営業マンとして経験しておいて損はないのです。

ただし、トップアプローチは諸刃の剣でもあります。社長にへたな提案をすれば、二度と取引してもらえない可能性もあるからです。そのため社長や役員に持っていく「提案内容」は、当日の訪問メンバーの調整や、商談場面におけるストーリー作りなど、事前準備を入念に行うようにしていました。

僕が使った方法は「メール」「手紙」「電話」の3つです。

電話と手紙は営業経験者なら誰もが使ったことはあると思いますが「メール」を利用して新規アポを獲得する人は少ないのではないでしょうか。僕は就職活動時代に使っていた**「相手のメールアドレスを特定する」という手法**を応用して、あえて直接アポイントを打診することにしました。

会社のメールアドレスのパターンはおおよそ決まっています。

「名.姓@会社ドメイン」
「姓.名@会社ドメイン」

「姓@会社ドメイン」

「名前の頭文字.姓@会社ドメイン」

という4パターンです。


ドメインは企業ホームページの採用ページやお問い合わせ欄に記載されているメールアドレスの「@以降」であることが多い。そこから、例えば「ヤマダ株式会社」の「山田花子さん」であれば、左記のようなメールアドレスが推測できます。


「hanako.yamada@yamada.co.jp」

「yamada.hanako@yamada.co.jp」

「yamada@yamada.co.jp」

「h.yamada@yamada.co.jp」


これらのパターンすべてにメールを送ると、高確率でどれかにヒットします。

しかし、この手法は、「相手の名前」がわからないと実行できません。

そこで僕は、相手の担当者の名前をネット検索。最も見つけやすかったのは大手企業です。グーグルで「企業名　組織図」や「企業名　人事異動」などと検索すると「人事異動について」や「人事異動のお知らせ」というＰＤＦが出てきます。これを使うことで部署名と名前を特定できるのです。

アプローチする人物は決裁者であればあるほど効果が高いです。僕は組織図の階層で上のほうにいる管轄役員や部長などをターゲットにしていました。もちろん、社長にも送っていきます。

「そんなメールは不審がられるに決まってる」と思う人も多いと思いますが、実際のところ「どこでメールアドレスを知ったんですか？」と聞いてくる人には出会ったことがありません。むしろ、お会いした際にこの手法の話をすると、ほぼ１００％の方が笑ってくれるので、会話のネタにも使えました。

実際に、僕はこの方法で、大手ドラッグストアの社長や都内最大手のスーパーマーケットの社長などから返信をもらっています。

リクルートという看板を武器にして毎日作業をしていた自分よりも、泥臭く地を這うような経験をしたときのほうが成長実感は強くありました。社名は錯覚資産になりますが、**「個人として何ができるか」「看板のない自分にできることは何か」を考えて行動する**ことが、自分の市場価値に繋がるのだと思います。

現職編

経営者目線を「自分」に当てはめる

在籍していたベンチャー企業が楽天に買収されたことがきっかけで、僕は4度目の転職をしました。「看板のない企業で自分の力を試したい」という目的で入社しましたが、大手の傘下に入ってしまったため、転職を決めたのです。

僕はこれまで、地方のホームセンターや大手企業、無名のベンチャーなど、4社を経験するなかで「どの会社でも活躍でき、個人でもお金を稼げる状態」こそが、自分の安定に繋がるのではないかと考えるようになっていました。

この考えが明確に自分の思考として根づいたのは、今の会社の社長に言われた「自分という会社の経営者目線を持て」という言葉の影響が大きいです。

僕は「経営者目線」という言葉には違和感がありました。サラリーマンをしながら、自分が在籍する企業の経営者目線を持つのは難しいと思っていたのです。社長とは見ている景色や入ってくる情報がまったく違うし、経営者になったつもりで高飛車な発言を現場でするると、ただの厄介者になってしまう可能性が高くなります。恐らく、経営者目線というのは、目の前の仕事をただやるのではなく、「会社の売り上げを伸ばす視点」を持ちながら「目の前の仕事の成果にこだわる」ことを指すと思いますが、今の社長が教えてくれた言葉のニュアンスは少し違いました。

「自分という会社を経営する目線を持て」

僕はこの考え方を**「自分株式会社」**と呼んでいます。

自分株式会社というのは、自分自身を会社に見立てて考える思考のことです。

僕が「株式会社ｍｏｔｏ」という会社を経営していて、売り上げは在籍している会社からの報酬と副業収入の5000万円。そこに家賃や食事代、通信費という経費がかかり、手元に残った金額が利益になる、という考え方です。

この考え方でいくと、多くの人の売り上げは、自分が在籍する企業の給与のみになっていると思います。

しかし、今の時代は主要取引先にも、いつ切られるかわからない時代です。主要取引先に切られたら倒産してしまうような経営状態は健全ではありません。経営者として、給与とは別の収入源も確保しなければならず、そのために副業が必要になってくるのです。

僕は今でも**「株式会社ｍｏｔｏの売り上げはどうやったら伸びるのか？」**という視点で仕事をしています。どんな仕事にも共通しますが、自社の売り上げを伸ばすためには「対価に見合った労働価値の提供」が必要です。同時に「どんな労働が評価されるのか？」も把握する必要があります。

在籍する企業の「年収テーブル」と「各年収テーブルで求められる能力」を把握し、自分がどのような価値を提供したら、いくらの売り上げ——つまり年収が上がるのかを考える。そして本業に限らず、副業でも売り上げを立てていく。

同じ仕事をするのであれば、少しでもお金を多くくれる会社と取引するほうが賢明です。それはサラリーマンであっても副業であっても同じこと。「ほかにいい契約をくれる会社はないか？」と、常に模索する視点が大切なのです。

また、「自分株式会社」という目線を持つと「あれ、なんでこんなに携帯代が高いの？」とか、「この飲み代は何か役に立ったっけ？」というように、経費のムダも見えてきます。

僕は携帯を格安ＳＩＭにして、飲み会もムダなものには極力参加しないようにすることで経費を削減し、余った利益を自分の投資に回しています。さらにいうと、ＰＬやＢＳという視点を持つため、自分の純資産を増やすという考え方もできるようになってきます。

「自分株式会社」という発想が大切

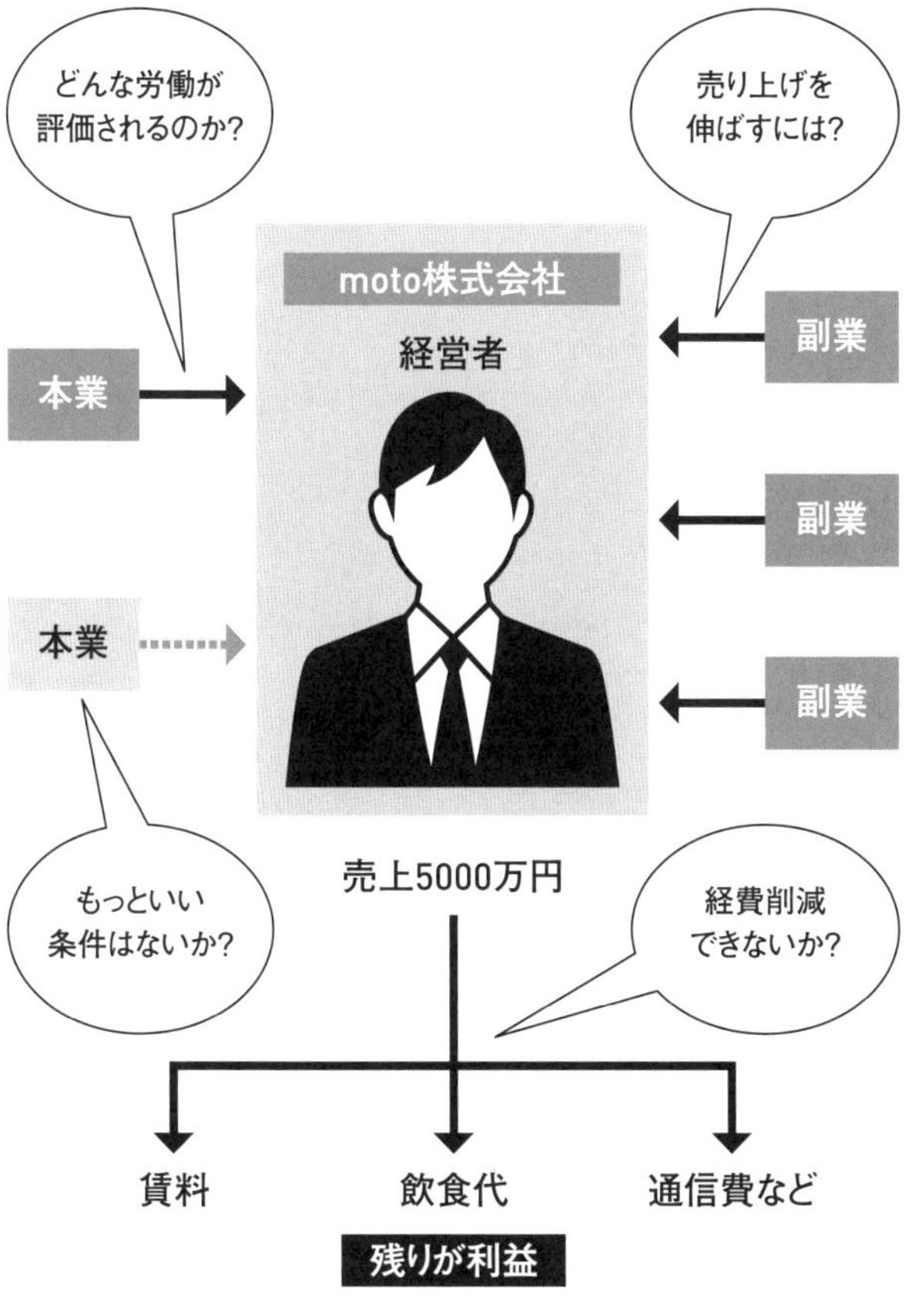

「売り上げをどう伸ばすか?」「利益を増やすにはどうしたらいいか?」という経営者目線を自分に当てはめることで、副業をする意味を知り、**企業に依存した働き方から抜け出す視点**が持てるようになります。

僕は今もこの会社で、自分の生涯年収の最大化に全力で取り組んでいます。

第3章

4度の転職で
年収を上げ続けた
「転職術」

ここまで、僕が働くうえで考えてきたことや学んだことについてお伝えしました。

第3章では転職で使える、より具体的な手法についてご紹介します。

僕が実際にやってきた年収を上げる転職先の選び方や、企業に刺さる職務経歴書の書き方、転職エージェントの使い方、そもそも転職のタイミングをどう把握するのかなど、これまで4度の転職で培ってきたノウハウです。

転職で年収を上げると聞くと、大手企業でキャリアを積み上げ、外資系企業にヘッドハンティングされるというような、ハイキャリアな転職をイメージしがちです。しかし、僕のように**ホームセンターに勤めていたサラリーマンが、他業界に転職することで年収を上げる方法**もあります。

とはいえ、小手先のテクニックだけで年収は上がりません。大前提として、現職での成果にこだわったうえで、このノウハウを役立ててください。

1　キャリアに対する根本的な考え方

上司の評価より「市場評価」に軸を置く

　僕は常に「市場価値」を意識して働いています。

　しかし、世の多くのサラリーマンは、会社や上司の評価を重視していると思います。ヒラ社員から課長へ、課長から部長代理へ、部長代理から部長へと「昇進」することが、最も身近なキャリアアップ方法だからです。

　たしかに、出世という手段は年収を上げる王道のルートです。しかし、**自分の「価値」は、役職だけでは決まりません。**役職はあくまでも「社内での役割」であって、社外に出たら、肩書き以上に「自分の実力」を見られます。

日本には、およそ420万という数の会社が存在し、約6530万人のサラリーマンが労働者として働いています。これは極端なたとえ話ですが、もし日本全国のサラリーマンが全員解雇され、約6530万人全員が一斉に転職活動を始めたらどうなるでしょうか。

多くの人は「自分は社内で評価されていたし、最悪でも今までと同じ仕事には就けるだろう」と考えてしまいがちですが、全国には自分よりも圧倒的に高い成果を出せるサラリーマンがたくさんいます。

つまり、転職活動では「上司の評価」や「会社からの評価」ではなく、自分よりも10倍、100倍の実績を出せる人と**「転職市場における市場価値」で比較される**ことになるのです。

もちろん、社内評価を大事にするのは前提としてありますが、それだけを基準に考えてしまうと、〝井の中の蛙〟になってしまいます。働くうえでは、上司の評価や会社組織からの評価よりも「自分に対する市場からの評価」に重きを置くことが大切です。

会社の評価は上司にゴマをすれば上がるかもしれませんが、市場からの評価はゴマをすっても上がりません。もちろん、自分のチャンスを掴むためのゴマすりは必要ですが、本質的には**「自分で市場からの評価を上げていく」ことが重要**です。

そして、この「市場からの評価」は「自分の生産性を高めること」で上がっていくと、僕は考えています。

生産性とは、「会社の業績を伸ばすための本質を見極めて、効率的に行動する力」を指し、5つの要素に分解することができます。

【市場価値（=生産性）を高める5つの力】

① 論理的な思考ができる力
② 構造的に物事を捉える力
③ 物事を俯瞰したうえで、課題を特定する力

④　課題に対して仮説を立て、誰にでもわかりやすく話せる力
⑤　①～④を用いて組織をマネジメントする力

字面だけをみると、とても意識が高いように感じますが、年収１０００万円を超える求人の多くに、この５つの要件が求められます。

しかし、これらは決して特別な能力ではなく、普段の仕事で誰でも身につけられます。少なくとも僕はホームセンターでレジ打ちをしていた時期に、試行錯誤しながら、生産性――つまり、市場価値を高める５つの能力を磨きました。

自分の「仕事の意味」を理解する

この５つの力は、ざっくり要約すると「自分の仕事をちゃんと理解したうえで、どんな人にでもわかりやすく説明できて、行動を伴っている人」を指しています。

少し話は変わりますが、世の中には本当にいろいろな人がいます。自分と同じ業界

の人もいれば、まったく違う仕事をしている人や、働いていない人もいます。なかには「インターネットって何?」という人までいるわけです。

今後あなたに求められるのは、この「同じ業界の人」にも「インターネットって何?」という人にも、**自分の仕事を「わかりやすく」伝えられる能力**です。言い換えるなら、相手が誰であれ、同じ目線に立って物事を伝えられるかどうか、です。

一見、すごく簡単なことのように聞こえますが、やってみると非常に難しい。僕は「小学6年生にもわかるように説明すること」を意識してきましたが、業界や職種が複雑であるほど、この伝える力が問われます。

では、自分の仕事をわかりやすく伝えるにはどうすればいいのか。そのためにはまず、「全体像」を把握することです。「今、自分の会社にはどんな課題があるか?」を説明する際にも「そもそも、なぜそれが問題になっているのか?」という背景を伝えないと、相手には本意の2割も伝わらないからです。

背景まできっちり伝えるためには、自分が置かれた状況を「上流から下流まで」知っておく必要があります。

【業界の状況→会社の課題→部署の役割→自分のミッション】

と、広い視点で見る。そのうえで課題を把握し、解決策を考えて、自分で行動する。この能力が、年収に比例して求められるようになります。

では、これらの能力を日頃の仕事で身につけるにはどうしたらいいのか。

まずは自分の仕事を業界視点、会社視点、自分の仕事視点で人に話せるように「必要な情報」を集めてください。

「同じ業界が海外ではどうなっているのか」、「日本においてこの業界は数年後どうなるか」、「今の会社は業界の中でどんな立ち位置にいて、何をしようとしているのか」「そのミッションが自分にどう関係してくるか」といった情報を集めていくうちに、

自分の置かれた状況を説明できるか?

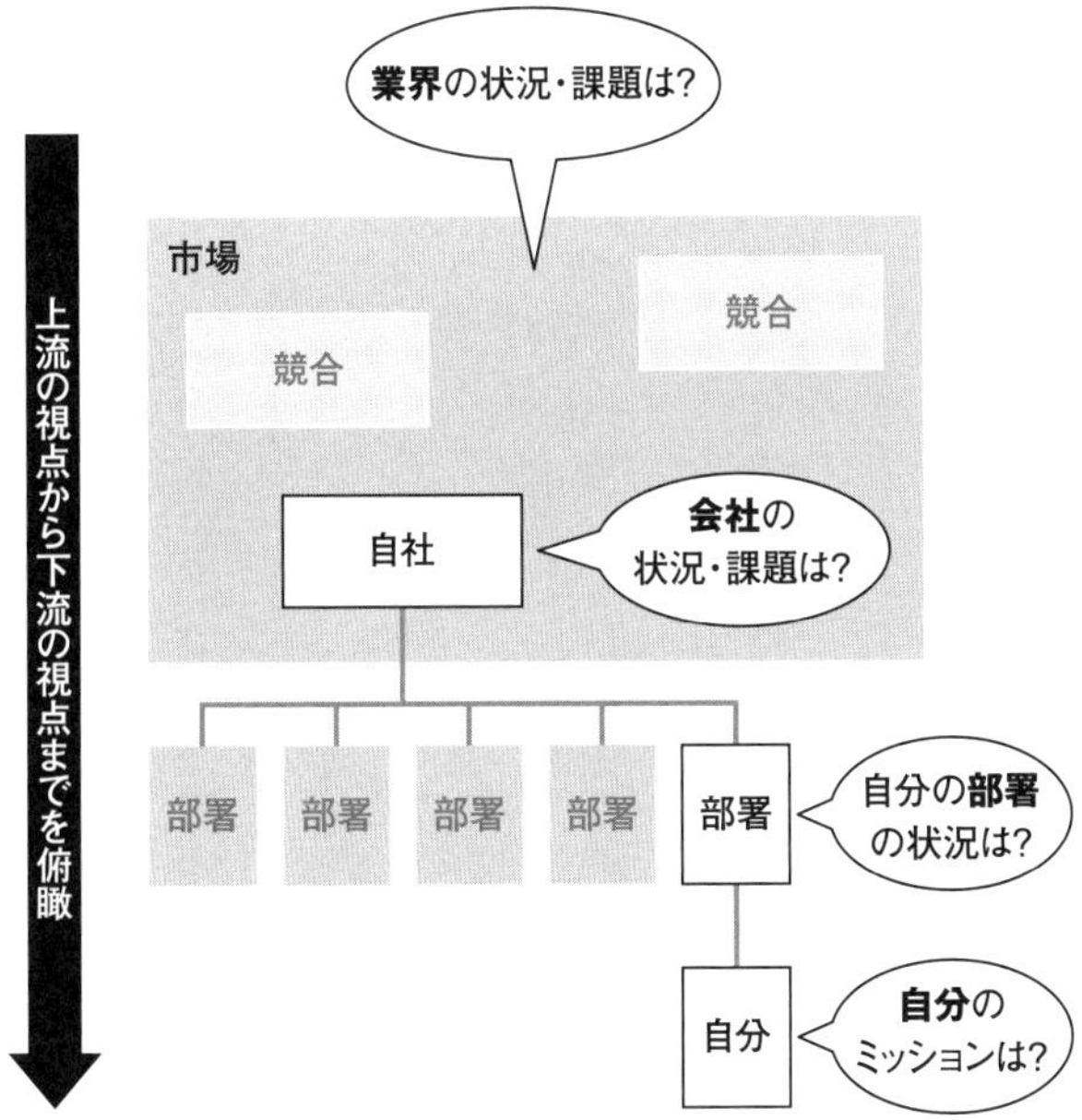

自分の仕事を俯瞰して「わかりやすく伝えられる人」は市場価値が高くなる

自分が知らなかったことが出てくるはずです。

この作業を繰り返すことで、自分の仕事を「高い位置」から見られるようになり、やっている仕事の先にある「本来の目的」まで捉えられるようになります。

「今まさに手元でやっている仕事にはどんな効果があるのか？」
「クライアントはなぜウチに依頼をして、本当は何を期待しているのか？」
まずはこうした「考え方の癖」を日頃から意識することが必要です。

日々の業務では、自分の目の前の仕事で精一杯になってしまいがちですが、目の前にある木だけを見るのではなく、その後ろにある森を見て、今度は遠くからそれが山であることを把握して、**究極的には「山を見ている自分を、その隣で見ている状態」を目指す**と、今の仕事の捉え方も大きく変わります。

そして、考えるだけでなく、行動してください。

転職で最も評価されるのは「考えたうえでの行動経験値」です。指示の裏にある背景を理解したうえでの行動ならば、しっかりと評価されます。

逆に、最も評価されないのは「言われたことだけやった行動」です。「なぜこれをやるのか？」を自分で考えないと、自分の思考が停止してしまい、市場での評価は上がりません。上司の指示であっても、「なぜこの指示が下りてきたのか」、「本当にこの指示をやるべきなのか？」という思考を回すことが大切です。

能力を高めるための訓練の場は、**「自分が経験したことのない仕事」**のなかに潜んでいます。僕にとってそれは、ホームセンター時代の採用業務でした。世の中で必要とされる「価値の高い能力」を得られる機会は、あなたにも必ずあります。そうした機会を目の前にしながら「どうせ同じ給料なら働かないほうがいい」とか、「上司に評価されないからやらない」と考えてしまうのは、大きな機会損失です。

僕は、会社で生産性を高める機会をもらい、自分の生産性を高めることで転職をして年収を増やす、というサイクルでキャリアを築いてきました。だから今でも、自分を高められる機会があれば、時給を問わずに飛び込んでいます。

自分の「値段」を把握する

僕は転職をする際、自分を「商品」として捉えるようにしています。

商品は鮮度が命。だから転職を考えていないときでも、毎月1回は必ず自分の職務経歴書を見直します。定期的に職務経歴書を更新し、転職エージェントと面談することで「自分の値段」を把握。日頃の仕事でどれだけ自分の価値に変化があったのかを確認するのです。

転職というマーケットで、自分はいくらで売れるのか？

社内評価による値付けでなく、転職という労働市場での自分の値段を知ることは、日頃の仕事における努力の方向性を決めるうえでとても重要です。闇雲に今の仕事で努力をしても年収は上がらないので、「年収の増加に紐づける経験」を把握しなくてはいけません。

手っ取り早く自分の価値を確かめる方法としては、**転職エージェントに会ったときの態度と、その後の対応**を見るといいです。

もし自分が「売れる人材」であれば前のめりに求人を出してくれますが、値段がつかなければ〝塩対応〟なうえに、その後の連絡もありません。人を商品として企業に売りにいく転職エージェントの対応ひとつとっても、自分の価値を知ることはできます。

僕は友人などを含め、これまで多くの転職者と話をしてきましたが、市場価値の低い人に共通するのは「同じ給料ならムダに働かないほうがいい」という考え方です。

この考え方は、短期的には時給は高くなりますが、長期的な視点で見ると、仕事に対する姿勢が受け身になり「得られる経験値」が小さくなります。たとえ目の前の仕事が会社や上司から評価されなくても、「市場から評価される経験」なのであれば率先して取ったほうが、長い目で市場価値は上がります。

どんな仕事でもそうですが、ラクしてお金を稼ぐことはできません。結果的にラクして稼いでいるように見える人はいますが、そういう人たちも、ラクして稼げるようになるまでに相当な努力をしています。

自分をムチ打ってくれる転職エージェントと仲良くしておくことは、自分の市場価値を向上させる要素になります。

いい転職エージェントは面談で、「自分のいいところ」だけでなく「よくないところ」や「伸ばすべきポイント」を教えてくれます。**直近の転職成功だけでなく、その次のキャリアまで見据えた提案**をしてくれるのです。

転職エージェントは人によるので当たり外れもありますが、定期的に自分の値段を見直す機会を持つことは、自分の年収を高めるうえで必要です。自分の働き方を定期的にメンテナンスし、日々正しくアップデートすることを意識してください。

市場価値を上げる3つのキャリア設計図

僕は新卒で、大手企業の内定を蹴って地方のホームセンターに入社しましたが、これはその後のキャリアを考えたうえで選びました。結果論かもしれませんが、「自分の市場価値を高める道筋」を考えておくことは、非常に重要だと思います。

年齢や所属企業の看板に関係なく「市場から求められる人材」になるためには、自分のキャリアのロールモデルや設計図が必要です。

市場価値を高めるキャリアの道筋は、大きく3つあると思います。それぞれご説明します。

道筋①「出世によるキャリア」

まず1つ目は「今の会社で出世してエグゼクティブを目指す」というキャリアで

す。これは今も昔も変わらない、王道のキャリアアップルート。新卒入社で社長を務めるリクルートホールディングスの峰岸真澄社長や、ソニーの平井一夫元取締役がまさにこのキャリアのモデルでしょう。

出世でキャリアアップを目指す場合に必要なのは、会社を渡り歩く政治力と、長い時間軸のなかで同僚との競争に勝ち抜く忍耐力や我慢強さです。

今の時代は、社内の椅子取り合戦に優秀な転職組も参戦してくるので、エスカレーター式に出世することは難しく、社内における実力と実績がより必要になります。

僕はもともと出世欲がなく、若いうちにお金を稼ぎたいと考えていたので、この選択肢は外していますが、最も身近なキャリアアップの道筋だと思います。

道筋②「職種のスペシャリストになるキャリア」

2つ目は、職種でスペシャリストを目指すというキャリアです。業界にはこだわらず、自分の職種に軸を置いて、どんな会社でも活躍できる「横断的なスキル」を高めていくイメージです。

僕はこのキャリアルートを選んでいます。営業としてのスキルを高め、年収の高い業界に役職をつけて転職することで、年収を上げてきました。自分が実践してきたこともあって、個人的にはこのルートが最もキャリアアップしやすいと思っています。

職種のスペシャリストにおける具体的な例の一つに、上場請負人という経営管理のプロフェッショナルが挙げられます。会計士がＣＦＯ（最高財務責任者）として上場を複数回経験しているパターンもありますが、ＣＦＯなどの役員でなくても、証券会社や監査法人に対する対応を「現場」で経験した人は、これから上場を考える企業にとって欠かせない人材として重宝されます。まさに職種における汎用スキルです。

今の職種に求められる「コアスキル」を高めて業界を問わず、横断的に活躍できるようにすることで、役職や年収を上げていくプランです。

道筋③「業界のスペシャリストになるキャリア」

3つ目は、業界のスペシャリストを目指すことでキャリアアップするパターンです。一貫して同じ業界内を動くことで、その業界の知識や知見を誰よりも有する「オタク」のような存在を目指すキャリアとも言えます。

「○○業界の○○領域のことなら誰々さんに聞いたほうがいい」というポジションを取ることで、その業界の講演会に呼ばれたり、雑誌の取材を受けたりして、自分のポジションを確固たるものにしていくイメージです。

メディアへの出演がきっかけでほかの会社から引き抜かれたり、同業他社からヘッドハンティングされるなど、「業界のプロ」として名前を上げていくことで、キャリアアップに繋がっていきます。

この「業界の知識」は、同業種に限らず、他業種でも活かすことができます。

僕の知り合いに、コンサルティング会社のプリンシパルとして、電力業界の専門家がいるのですが、彼はいつでも電力会社の役員にアポを取ることができ、国の委員会メンバーにも抜擢されています。電力業界に詳しいという強みを生かし、電力関係を扱うコンサルティング会社を渡り歩いて、今も年収を上げ続けているのです。

2つ目と3つ目の「職種のスペシャリスト」と「業界のスペシャリスト」になるためには「本質的なことを見極める視点」と「アナロジカルに考える（＝類推する）能力」が欠かせません。

常に今の職種や業界における本質を考え、「ほかの職種や業界における今の仕事との共通点はどこか」、「今やっていることを転用することができないか」と考えながら、日々の仕事をこなすことでこうした力が身についていきます。

キャリアップという言葉は一般的になりつつありますが、平々凡々と今の職種や業界の仕事をしているだけでは、成しとげることはできません。**常に自分の先にある選択肢を見据えて行動すること**が必要です。

もちろん、この3つの道筋だけでなく、職種や業界のスペシャリストになって独立・起業するというキャリアもありますが、僕はあくまでサラリーマンをベースに考えるのが現実的だと思うので、この3つのルートを紹介しました。

2 転職活動を始める前に

転職におけるベストなタイミングとは？

「石の上にも三年」という言葉があるように、仕事においても「とりあえず3年は働いたほうがいい」という声をよく聞きます。入った会社で3年はガマンしないと「履歴書に傷がつく」という意見です。

でも僕は1年半しか会社に在籍しなかったこともありますが、年収を上げて転職をしています。

大事なのは「在籍期間」ではなく「期間における中身」です。ツラいことを3年間ガマンすれば、必ず高い能力がつくというものではありません。面倒見の悪い上司の下で、言われたことだけを3年間こなしてきた人よりも、1年間を自分の成果に費やしてきた人のほうが市場価値を上げられるのは明白です。

能力の低い上司や同僚に囲まれてだらだら過ごす1日と、自分の能力を高めてくれる優秀な上司の下で過ごす1日は「密度」が違います。後者は、例えるなら「精神と時の部屋」です。

精神と時の部屋は、漫画『ドラゴンボール』に登場する修行部屋のことで、この空間では、外の世界と時間の進み方が違う設定になっています。精神と時の部屋では、1年が外界の1日に相当します。ゆえに、この部屋で修行をすれば、1年分のパワーアップを1日でできるのです。

転職も同様で、在籍期間よりも「期間の中身」が大切です。ただ時間が過ぎるのを待って仕事をするよりも、常に転職市場から求められる能力や成果を追い求める人材でいること。同時に、日頃から求人情報を集めて、いい求人が出たタイミングで、いつでも出られるようにしておく姿勢を保っておくことも重要です。

ただし、「転職してはいけないタイミング」は明確に存在します。「今の仕事がツライ、嫌になった」というタイミングです。

仕事がツラいとか、今の仕事が嫌になって転職を考え始めると「会社を辞めること」が目的となってしまい、たとえブラック企業であっても、内定が出たらすぐに転職をしてしまう傾向があります。

このような転職を一度してしまうと、再び同じ動機で転職する「負のサイクル」に陥りやすくなります。転職は目的にするのではなく、自分が叶えたいことを実現する「手段」です。今の仕事を辞めることを目的にするのはやめましょう。

転職は常に視野に入れておくべきですが、あえて転職すべきタイミングがあるとすれば**「仕事が最高潮のタイミング」**です。

採用側の視点でみると、ネガティブな理由で転職を考えて行動している人より、今まさに脂が乗っている人材のほうが、一緒に働きたいと思えるはずです。今の職場で成果を出せており、なおかつ仕事が楽しいと感じられているタイミングほど、転職のベストタイミングだと思います。

転職活動は「情報量」がモノをいう

僕はホームセンター時代、本格的な転職活動を始める前から、転職サイトに登録して常に求人をチェックしていました。「今より年収を上げること」を転職の第一目標にしていたので、目標とする年収で求人を検索し、気になる求人はひたすらブックマークしていたのです。

毎日のように転職サイトを眺めていると、様々な気づきがあります。

六本木の一等地にあるオシャレなＩＴ企業よりも山梨県の山奥にあるメーカーのほうが年収が高いとか、資金調達をした無名ベンチャーは年収が高いなど、世の中における「年収の相場」がなんとなく掴めるようになってくるのです。

また、高い年収の求人に共通して求められる能力――つまり、転職市場で評価される能力もわかるようになってきます。

ただ求人を眺めるのではなく、職種ごとに求められる本質的なスキルや、自分が目標とする年収に必要な仕事の能力を把握して、今の仕事との共通点を探すのです。

僕の経験上、転職活動で大切なのは、**共通点を探すための「情報量」**です。

多くの企業の求人を見て、今の仕事との共通点を探す。そうすると、食わず嫌いしているだけで、本当は自分が活躍できる職種があったり、自分を求めてくれる会社を見つけることができます。

また、求人をチェックすることで、今の年収の妥当性や、業界内での年収ポジションもわかります。僕は転職サイトで年収を把握したおかげで、だいたいの業界の年収水準がわかるようになりました。

求人を検索して情報を集めるにはコツがあります。そのときに自分が興味をもった業界や、同業種の求人に絞るのではなく、「年収800万円以上の全企業」といった、今より高年収の求人を包括的に見るのです。

転職サイトからも様々な情報が得られる

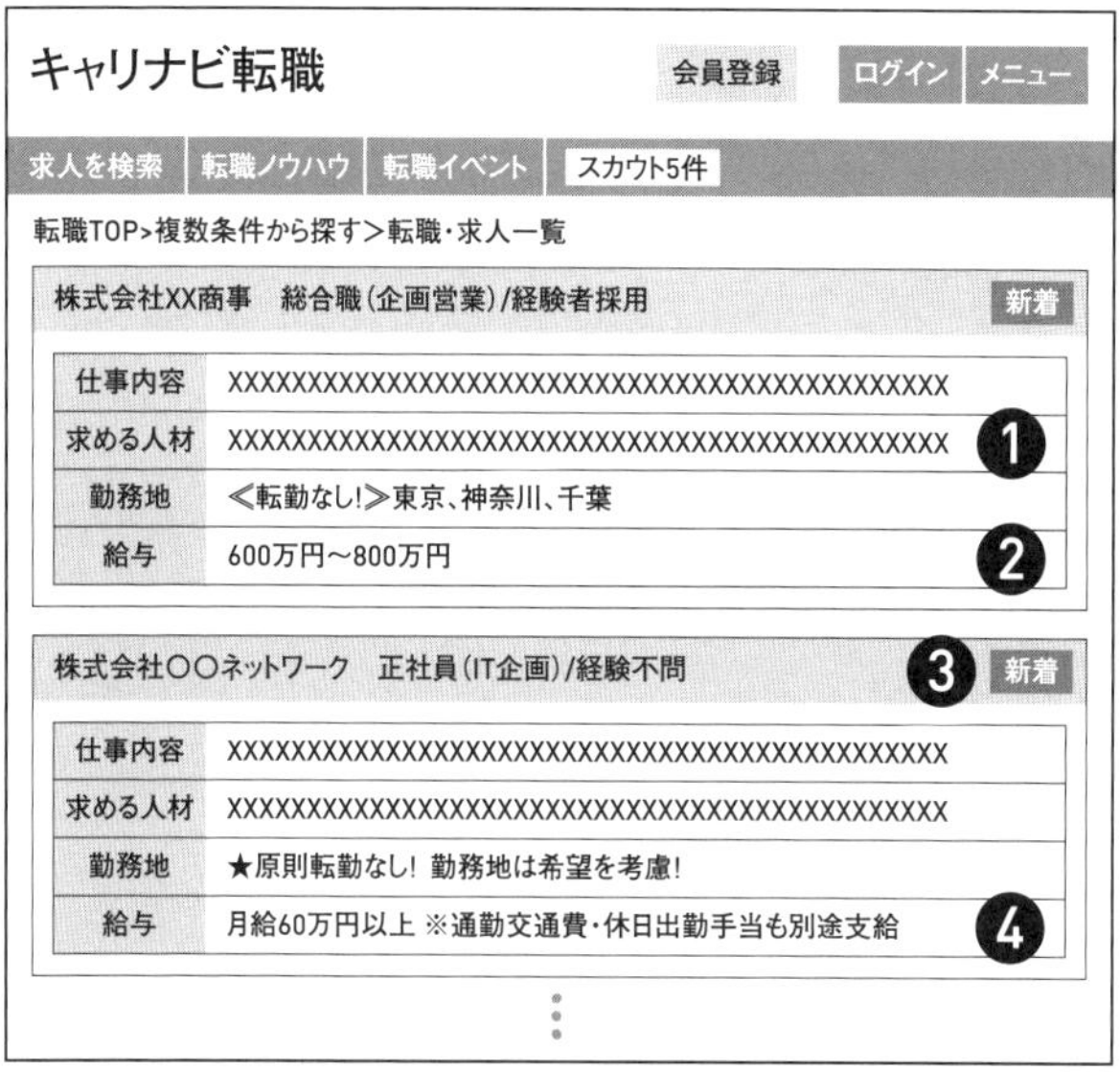

1
- 高年収の職業に共通して求められる能力は?
- どの能力を身につけたら、どのくらい市場価値が上がるのか?

2
- 自分の年収は業界的に適正なのか?
- 世の中の年収相場は?

3
- 募集が多い(ニーズが増えている)職種は何か?

4
- 世の中には意外な高年収職業がある

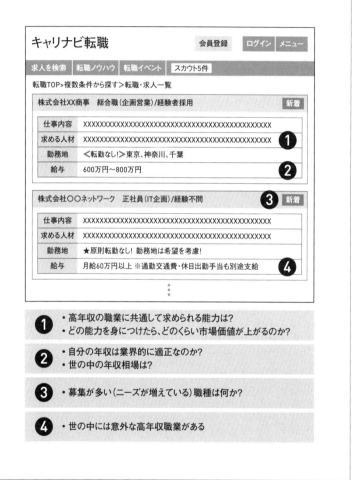

自分よりも高い年収の求人を眺めていると、「年収の高い求人では、どういう人が求められているのか」がわかるようになります。どんな能力を持った人が、どの業界で求められているのか、その求人の年収と、今の自分の年収にはどれくらいの差があるのかなど、気づきは山ほどあるのです。

もちろん、求められている能力が自分には何ひとつ当てはまらないこともありますが、その場合は**「どんな力をつければ自分は評価されるのか」という視点**で見ればいいだけです。

余談ですが、定期的に求人をチェックすることで、同じ仕事でも求人内容が変わったり、求人自体がなくなったりすることにも気がつけるようになります。

最近のわかりやすい事例だと「銀行のデジタル化に伴う人材」です。この種類の求人が出た当初は、ざっくりとした求人が多くありましたが、近頃は職種が細分化され、一つひとつが具体的な人材要件になっています。銀行もデジタル化の推進にあたり、部署としてどういうことをやるべきで、そのためにどういう人材を採用すればばいいのかわかるようになったのでしょう。

こういった**「急速に人を募集している職業」にいち早く目をつけて、その分野で活躍できる能力を身につけていく**という手法もあります。

ある程度行き先に目星がついたら、その求人は今後どうなりそうか、どんな仕事なのかを想像するための情報収集です。

会社のホームページや採用情報に書かれていることだけでなく、新聞やネットニュース、雑誌の特集、テレビの経済番組、Ｔｗｉｔｔｅｒのトレンドなどを見て情報を自分にインプットし、世の中の「流れ」を把握してみてください。さらに、様々な業界で働く人の「生の声」を聞くことも大切です。

今すぐに転職する気がなくても、転職情報は常に眺めておいて損はないです。求人は流動的に変わるので「いつか転職するときがくる」と考え、どんな求人があるか把握しておき、いざというときすぐに転職活動ができる状態にしておくのが鉄則です。

「やりたいことがない人」のキャリアの描き方

今の仕事には不満があるけど、特にやりたいことはない。でもお金はそこそこ欲しい――。「目指したいキャリアがない」とか「やりたいことがない」という理由が先行し、年収を上げたい欲求はあるものの、だらだらと今の会社に居続けてしまうという人も多いと思います。

そんな僕も、特にやりたいことを持っていません。しかし、なりたい姿の「願望」は強くあります。

僕はお金を稼ぎたい、お金持ちになりたい、という願望を強く持っています。それを叶えるために、転職や副業を駆使してきました。

恐らくどんな人にも、願望はあると思います。「毎日寝ていたい」とか「1億円欲しい」といったように、「何の制約もない状態で、なりたい姿」というのは、心のどこかにあるはずです。

しかし、多くの人がそれを夢物語として片づけています。

例えば、メルセデス・ベンツが欲しいと思っても「将来買えたらいいな」で思考が停止してしまい、「どうしたら買えるか」までは考えません。想像するだけで満たされてしまい、誰に言われたわけでもないのに「自分には無理だ」と勝手にブレーキをかけてしまっているのです。でも、**買えるかどうかは自分次第**です。

僕は、自分で「無理だ」とブレーキをかける前に、**「実現するためにはどうしたらいいか？」を手触り感が持てるくらい、リアルに想像**するようにしています。

例えば「5年後にどうなっていたら幸せか」を考えたときに、そこそこの生活ができる収入があればいいとか、働かずに不労所得で海外生活をしたいとか、なにかしらの願望が出てくるはずです。

大事なのは、その「妄想」を手触り感あるレベルまで「想像」することです。

生活に困らない収入とは具体的にいくらなのか？　働かずに不労所得で海外にいる

状態は、どの国にいて、何の収入でいくらを得ているのか？というように、**映像で想像できるくらいまで情報を集めていきます。**

「5年後に年収1000万円を稼いで、月に3回は有休をとって趣味のキャンプに行き、お昼は吉野家だけど夜は月に1回、銀座で高級寿司を食べる」「5年後は会社員ではなく、家賃収入と株式の配当で年に500万円を得て、マレーシアで悠々自適に暮らす」など、自分の妄想がもし現実になったらどういう状況になるのかリアルに考えるのです。

手触り感があるくらいに願望の解像度が高まってくると、今度は「この願望を叶える働き方ができるのは、どのキャリアなのか？」という視点が持てます。自分の願望を叶えられる環境に行くための転職情報を収集し、そのポジションにつくために必要な能力を把握して、今の職場でその力をつけていくのです。

僕は年収を上げるキャリアを選んでいますが、このキャリアだけが幸せなわけではありません。自分の願望を叶えるための場所に行く、という考え方でキャリアを歩むのもいいと思います。その立場がサラリーマンでないのであれば、起業やブロガーなどの道を選べばいいだけです。

いずれの道にも正解は自分の中にしかないので、あくまで「自分がなりたい姿」を想像して、行動してみてください。**「願望」を「目標」に変えて、真剣に向き合うだけで、**自分の行動も変わるはずです。

3 転職先の選び方

年収240万円→1000万円を実現した「軸ずらし転職」

僕はこれまでの転職で大きく年収を上げてきました。ホームセンターから現職であるベンチャー企業まで、4度の転職で年収240万円から1000万円まで上昇させています。

僕が年収を上げてきた転職方法は、年収の高い業界や職種に軸をずらす**「軸ずらし転職」**という方法です。

実は年収というのは、「職種×業界」で大枠が決まっています。もちろん、役職（役員、部長、課長、リーダーなど）や、企業ランクと企業属性（外資系、日系大手、中小、ベンチャーなど）も関わってきますが、大きな要素は「職種×業界」にあります。

例えば、「金融業界大手の営業部長→年収１６００万円」とか、「小売り業界大手の取締役→年収９００万円」という感じです。企業規模や役職より、業界や職種のほうが年収に大きな影響をもたらしています。

つまり、転職で年収を上げるには「業界」か「職種」のどちらかの軸を**「年収の高い業界」または「年収の高い職種」にずらす**のが近道なのです。

特に、業界は年収に大きく影響するので、業界を変える軸ずらしがオススメです。年収レンジの高い業界は、基本的に「動くお金が大きく、かつ利益率が高い」業界が該当します。例えば、商社やコンサル、金融、通信、広告などです。

各業界における平均年収は「業界別平均年収ランキング」などで検索すればすぐにわかります。もう少し踏み込むのであれば、これから伸びる業界や産業についても知っておくといいです。


これらの知識を入れたうえで、自分の業界や職種経験を活かし、応用できるような「年収レンジの高い業界」を選ぶのです。


僕は、**4度の転職で3回業界の軸を変えた**ことで、年収240万円から年収1000万円まで年収を伸ばしてきました。

1社目は小売業界、2、3社目は人材業界、4社目はIT業界、5社目は広告業界と、平均年収の高い業界へ「軸」を移しつつ、営業という職種の軸はそのままに、役職も上げて年収を増やしてきたのです。

1社目の小売業界で採用を経験し、業務を通じて人材広告に興味を持ったことから人材業界へ転職。2社目では人材業界で営業として実績を伸ばして役職をつけ、3社目は同じ人材業界の最大手で、役職を上げる転職をしました。

4社目では営業力と役職を活かして、人材業界と同様にレガシーな領域で事業を展開していたＩＴ業界のベンチャー企業に転職。ＩＴ業界の営業としての実績を積んだうえで、さらに年収の高い広告業界に営業部長として転職し、現在に至ります。


このルートが誰にでもピタリと当てはまるわけではないですが、今在籍している企業よりも高い年収レンジの業界に移ることで、**年収の上がり幅は、同業同職種への転職より大きく増やせます。**


この方法はＴｗｉｔｔｅｒなどでも紹介し、すでに多くの方が年収を上げています。

ただし、この方法はあくまで年収を上げることへのコミットが優先するので、企業規模へのこだわりや企業ブランド、役職へのこだわりがある人には当てはまらない可能性があります。しかし「年収を上げること」に関心がある人にはとても有効です。

とはいえ、まったく畑違いの業界に転職するのは書類選考で落とされる可能性があります。なので、あくまで自分のいる業界と関わりがある、または自分の業界と近し

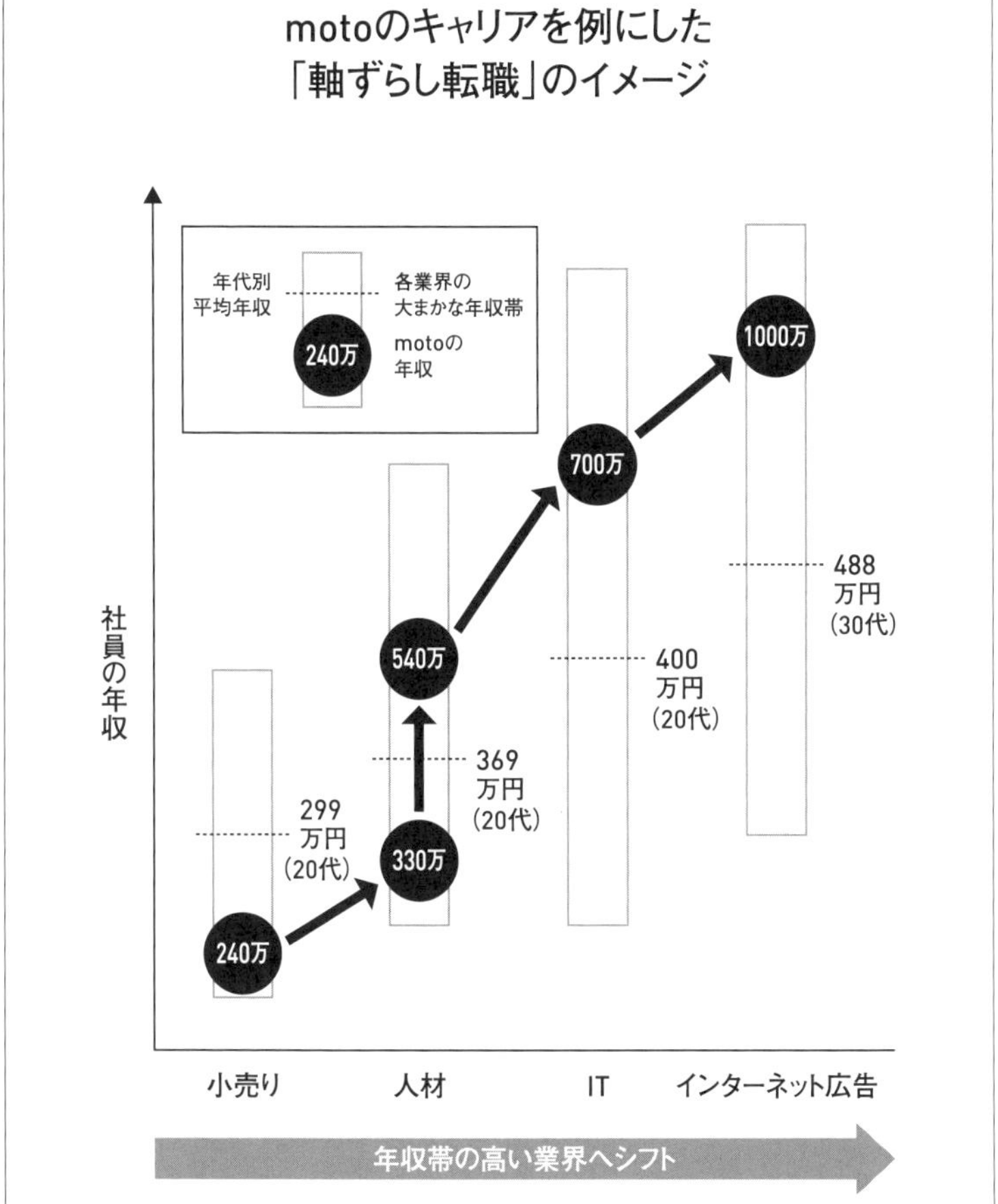

職種・業種・年代別平均年収の出典：https://doda.jp/guide/heikin/search/
※上記サービスから算出

い、かつ年収レンジの高い業界に、今の業界・職種経験を転用して転職することです。

また、**希望年収を少し高めに伝えることも大切**です。企業に遠慮して「現年収を維持」とか「御社の規定に従います」と伝えるより、自分が欲しい年収を素直に言ったほうが、希望年収に近づけます。

ただし、希望年収は「それだけの年収を払う価値のある人材である」と企業側を納得させる「実績」も必要になるので、あまりにも乖離した年収や説得できないような年収は伝えないほうがいいです。あくまで少し高めを意識してください。

この「軸ずらし転職」を実際にやっている人は、全体的に見れば、まだまだ少ないのが現状です。

これまでは転職で年収を上げるには、役職を上げるか、企業規模を変えるという方法が一般的でした。転職エージェントに相談しても、転職で業界を変えるのは「未経験だから難しい」とか、「即戦力として活躍できそうにない」と言われ、同業同職種への転職をすすめられます。
そもそも未経験なので**他業界や他職種を目指す人自体が少ない**のです。転職する多くの人が「同業同職種」を選び、若干の年収アップや、役職をつけることでキャリアアップをする道を選びます。しかし、同業同職種への転職ではせいぜい年収50万円アップや、マネジャーや主任などに就くのが限界です。

先日、僕の知り合いが年収250万円アップのオファーをもらって転職しました。彼は33歳で3社を経験し、広告業界のマーケティング職、大手広告代理店の子会社でリーダーをしており、年収は650万円でした。これまでの3社はいずれも広告業界のマーケティング職なので、同業&同職種でのキャリアです。
彼は今回の転職活動で、広告業界より年収の高い金融業界を受けていました。結果、金融業界のマーケティング職として年収900万円のオファーを受けたのです。並行して受けていた広告業界のマーケティング職では、役職こそ上がったものの年収は750万円が限界だったそうです。金融業界という広告業界よりも年収の高い業界に軸をずらしたことで、大きく年収を上げた格好です。

もちろん、こうした転職テクニックも有効ですが、前述しているように、日々の業務での成果にこだわることが何より大切です。どこにでも欲しがられる人材になるために重要なのは、あくまで「中身」です。

キャリアを想像する思考法

次のキャリアの出口を考えるためには、日頃から情報を収集する必要があります。僕は、**今いる会社の人が辞めた後、どんな会社に転職しているかを把握**するようにしています。「○○さんが辞めるらしい」「○○部長が転職活動しているらしい」と聞いたら迷わず食事に誘い、転職活動の状況を聞くのです。

すると、「今は○○業界で、○○ができる人を求めているらしく、ウチの会社よりいい年収が得られそうだ」とか、「○○という会社が新規事業を始めるらしく、ウチの競合になりそうだから話を聞きに行ってみたら、ずっと成長する可能性が高そうだった」など、同じ会社の人がどんな転職活動をしているのか、市場がどういう状況か、どんな人にニーズがあるのかなど、リアルにわかります。

こうした情報を蓄積することで**「次に自分が行けそうな会社リスト」**を作っていくのです。


ほかにも、転職の面接時に「この会社を辞めた人はどんな会社に転職していますか？」とか、「この会社で活躍している人は、どの企業の出身者が多いですか？」と聞くといいです。もちろん、答えてくれる会社とそうでない会社がありますが、聞いておくことで今の転職活動の**「転職した先の出口」**まで見えるようになります。

もちろん個人の能力あってのことなので、一概にこの会社に入ったら次はあの会社にいけるということにはなりません。しかし、同じ環境にいた人が「次にいった会社」がわかることで、身につくスキルや、その次のキャリアが想像できるようになります。

最終的には「自分はどうなりたいか」が大切ですが、こうして先回りして出口の選択肢を知っておくことも必要です。どんなことでもそうですが、出口が描いてある地図を持っている人と持っていない人では歩き方が大きく変わります。

どんなサラリーマンであっても、ある程度の**「キャリアの地図」**は持っておくべきでしょう。

しかし、道の途中で状況が変わることもあります。

「入社当初は出世する選択肢を描いていたけど、自分には政治力がないから、営業のスキルを生かしてほかの会社に転職して役職をつけよう」とか、「営業のスペシャリストで転職を考えていたけど、今の会社で昇進できそうだから部長を目指してみよう」というように、働いているうちに自分の向き不向きや環境要因などで、状況は常に変わっていきます。

なので、決して固執しすぎず、「もしかしたら、ほかの選択肢のほうが自分にとっていいキャリアになるかもしれない」と、迂回ルートも視野に入れながら、地図を修正していけばいいのです。**おおよそ2年から3年後の自分を考えていくと、市場価値の高いポジションを目指せるようになっていく**と思います。

次にいくべき転職先の「選び方」

僕は転職先を選ぶ際に「次の、次の会社」を見据えて選んでいます。目先の年収だけを追い求めても、入社後に自分の市場価値が下がってしまっては本末転倒です。「転職先で自分の市場価値は上がるのか？」という視点は、転職先を選ぶうえでとても大切です。

転職先の選び方としては、「今儲かっているのか？　これから先、儲かる見込みはあるのか？」を考えてみてください。給料は売り上げが立ってこそ出るものなので、儲かる市場に身を置くことは年収を上げる要素になります。

また、伸びている業界に身を置くことは、長い目で見れば役立つスキルが身につきます。**伸びている業界では、新しいポジションや今まで経験したことのない仕事が増えるので、貴重な経験値を得られる**からです。

サラリーマンのキャリアは、人生で最も長い期間続きます。次の転職が最後のゴールということはありません。目先の年収や仕事内容で転職するのではなく、その次の会社で達成したいことを見据えて選ぶのがいいのです。

自分がやりたい仕事が今はできなくても、その仕事をするために必要なことを積み上げていけば、いつか必ずその仕事に就くことができます。そのためには、目指す山への「登り方（キャリアルート）」と、登るために必要な「道具（スキル）」を揃える必要があります。

もし、自分が目指す仕事やポジション、年収があるなら、そのポジションにいる人に、今まで歩んできたルートを聞いてみる。周りにいなければ、転職エージェントに聞くのもいいです。「〇〇社の営業マネジャーは、どのような経歴の人が多いですか？」と聞けば、歩んできたルートをざっくり教えてもらえるはずです。

加えて、**「年齢と年収」を考える**ことも大切です。

僕は「30歳で年収1000万円」という目標から逆算してキャリアを考えていまし

た。だから、次の次に行くべき会社や、取るべきキャリアの道筋が明確に描けていたのです。

大手企業にヒラ社員で行く、ベンチャーで役職をつける、外資系企業を挟むなど、様々な選択肢があるなかで「**次の次に叶えたいキャリアを実現できる会社はどこか」「その会社に何歳までに入っていたいか」という視点で考える。**それに年齢と年収を加味していくと、必然的に行くべき業界やそこでのポジションも見えてきます。

キャリアの解像度を高めることで、「次の次」の会社も見えてくるはずです。

4 ４度の転職で培った転職活動の「ＨＯＷ」

転職エージェントの使い方編

転職エージェントから「自分に合った求人」を引き出す方法

「転職エージェントは人次第」と言われますが、どんなにダメな転職エージェントでも、見ている求人のデータベースは同じです。「いい転職エージェントに出会いたい」と思っているだけでは運任せになってしまうので、**「転職エージェントを、どう使いこなすか？」という視点**を忘れないでください。

転職エージェントを利用するうえでは、彼らのビジネスモデルを知っておく必要があります。

転職エージェントのビジネスモデルは、転職者の入社が決まって初めて売り上げになる「成果報酬型」です。報酬の相場は、転職者がもらったオファー年収の30〜50％程度。オファー年収が高ければ高いほど、彼らの売り上げも増えます。

彼らは求職者が転職して内定承諾しないと売り上げにならないので、様々な見せ方やトークで求人を紹介し、入社をすすめてきます。もちろんいい求人もありますが、なかには「採用基準が低く、内定が出やすい会社」をすすめてくる可能性もあるので、注意が必要です。

転職エージェントとの面談はすべて無料ですが、向こうも仕事としてやっているので、「入社させやすい会社」をすすめてくることを忘れないでください。

また、転職エージェントを運営する企業にも様々な規模の会社が存在します。リクルートエージェントなどの大手企業から、個人事業でやっている転職エージェントまで、数千を超える会社がエージェント業をしています。

しかし、転職エージェントは会社の規模やネームバリューではなく、「エージェント個人」にスキルを依存するため、担当してもらう「人」によって、当たり外れがあります。

彼らを利用して自分に合った求人を引き出すには、**転職エージェントそれぞれの特徴を知り、それに合った姿勢で面談に臨む**必要があるのです。

経験上、転職エージェントは、おおよそ5つのタイプに分類できます。

1 「求人大量収集型」→初転職〜2社目転職者におすすめ
2 「一点求人コミット型」→2社目以降の転職者におすすめ
3 「寄り添い相談型」→2社目以降の転職者におすすめ
4 「業界の事情通型」→同業志向の転職者におすすめ
5 「ヘッドハンター型」→役職ありハイクラス転職者向け

タイプ別に得意不得意があるため、転職エージェントは複数利用するのがおすすめです。タイプ別の具体的な使い方についてご説明します。

①「求人大量収集型」エージェント

初めての転職者と2回目の転職者におすすめなのが、大手の転職エージェントが該当する「求人大量収集型」です。大手転職エージェントとあって大量の求人を保有しており、数打てば当たる戦法でたくさんの求人を紹介してくれます。**「リクルートエージェント」**や**「doda転職エージェント」**などが該当します。

大手転職エージェントの場合、入社間もない新人がキャリアアドバイザーを担当することがあるため、キャリア相談がありきたりな内容になることがあります。このタイプの転職エージェントには、キャリア相談においては過度な期待をせず、市場にある求人を総合的に幅広く出してもらうといいでしょう。

また、求職者側を担当するキャリアアドバイザーと、企業営業をする担当者が分かれていることが多いため、面談で詳細な企業情報を聞いても、情報が薄いことも多いようです。そのため、「転職会議」や「Ｖｏｒｋｅｒｓ」などの口コミサイトもあわせて見ておくといいです。

面談でおすすめ求人をもらう方法

このタイプの転職エージェントとの面談では「どんな仕事にも興味のある転職者」のように振る舞うのがおすすめです。初めて転職する人にはいろいろな求人を出してくれるので、業界や職種を決め打ちしていくよりも、幅広い求人をもらって市場を把握してみてください。

面談では、あらゆる検索条件を伝えるといいです。「年収はＸＸＸ万円以上、勤務地はＸＸとＸＸ、業界はＸＸとＸＸとＸＸ、職種はＸＸとＸＸとＸＸＸ、役職はＸＸ以上」など、幅広く伝えて、今ある求人で該当するものをすべて提示してもらうようにしましょう。

大手転職エージェントで大量に求人を見せてもらい、関心の有無で求人を仕分けていくうちに「自分は何に興味があるのか」「大事にしている軸は何か」「今、何に不満を感じているのか」などがわかるようになるはずです。その軸を見つけるためにも、たくさん求人情報を出してもらってください。

②「一点推し型」エージェント

2回目以降の転職者におすすめなのが、少数精鋭でやっている小規模〜中規模転職エージェント「一点推し型」タイプです。実際に僕が役に立った転職エージェントは、**「ギークリー」**や**「type転職エージェント」**などでした。

このタイプは「あなたにはこの会社が合います！」と特定の求人を推してくる傾向があるので、その求人が「自分に合う」と思ったら受けるといいです。推してくるだけあって、ほかの転職エージェントよりも年収交渉や企業への交渉にコミットしてくれます。

この規模の転職エージェントは、大手転職エージェントと違い、大量に求人を紹介することが得意ではない（そこまで多くの求人を保有していない）ので、少数の求人でベストマッチングを追求してくるケースが多いです。

より多くの求人に触れるには大手転職エージェントがいいですが、一点集中で徹底して求人にコミットしてもらうにはこのタイプに限ります。面接対策や過去に聞かれた質問なども把握しているので、決定率も高い。

たまに「企業から特別に依頼を受けている非公開の求人がある」と特別感を出してくることもありますが、経験上、数週間後に転職サイトに掲載されている求人であることがほとんどなので、こうした情報は鵜呑みにしないほうがいいです。

面談でおすすめ求人をもらう方法

このタイプの転職エージェントとの面談では「少し転職に慣れている雰囲気」を出すといいです。すでにほかのエージェントと面談もしていて企業とも面接している、くらいの姿勢で臨むと、転職エージェントが推してくる求人の幅を増やしてくれます。自分に合った条件を引き出すようなコミュニケーションを意識してください。条件が合えば一生懸命に企業へ推してくれるので決定率が高くなります。

自分が思うままに希望条件を伝えて、紹介された求人に対して「興味があるか、ないか」をはっきり伝えてください。大切なのは、興味のない求人を出されたときに「どこが希望に沿わないか」を明確に話すことです。後日、別の求人を送ってくれる可能性が高いので、認識にズレがないようしっかり伝えておくのがおすすめです。

③「寄り添い提案型」エージェント

「ビズリーチ」や「キャリアカーバー」に登録している、**個人や小規模な転職エージェント**に見られるのが「寄り添い提案型」です。

このタイプの転職エージェントは、多くがビズリーチ経由で連絡してくるので、登録して接触してみてください。DMなどを経由して「転職しなくても、お会いして情報交換しましょう」と声をかけてくれるはずです。人によりますが「求人の押し売り」をしてくることはあまりなく、自分のキャリアに合った求人を出してくれる傾向が強いのです。

ただし、出てくる求人はいずれも大手の転職エージェントでも保有している求人が多く、目新しいものは少ないようです。

「キャリアプランを一緒に考えましょう」とは言ってくれますが、なかには生い立ちから話をするほどに深掘りしてくる転職エージェントもいるので、自分との相性を見極めたほうがいいです。少しでも違和感があればほかのエージェントに頼みましょう。

また、このタイプの転職エージェントは「人材業界内」でキャリアを積んだ人が多いため、転職エージェントでの経験よりも、自分が担当したほかの求職者の事例をもとにキャリアの話をしてくれます。中長期的に転職を考えている場合などには参考にしてください。

面談でおすすめ求人をもらう方法

　このタイプの転職エージェントとの面談では「実はこう見えて、すぐに転職したい」という雰囲気で臨むのがおすすめです。「意外と転職に積極的なんだ」と思われないと、長い目で見た求人の提案が多くなります。今ある求人を多く紹介してもらうようなコミュニケーションを心がけるといいです。

　なかには、寄り添いたい気持ちが強いあまり、面談で「生い立ち」から話を聞いてくる転職エージェントもいますが、面倒くさがらずに話をすることで、ほかの転職エージェントでは紹介してもらえないような求人をもらうこともできます。

　長い付き合いになる転職エージェントになっていくこともあるので「いろいろな求人を、すぐに見たい」とはっきり伝えて、自分に合う求人を徹底的に出力してもらってください。将来のキャリアを含めて企業選びの相談ができるパートナーにしていくのがおすすめです。

また、彼らは一人ひとりに時間をかけるため、面談者を多く抱えていません。そのため、求職者に魅力を感じれば向こうから積極的にコンタクトをしてくれます。

④「業界の事情通」エージェント

同業転職志向の20代後半から30代におすすめなのが、業界の事情通エージェントです。多くの転職エージェントは人材業界の出身ですが、業界に特化した転職エージェントの場合、エージェント自身が金融業界やコンサル、ITなどの出身であることが多く、自身の業界での経験をもとに、キャリアアドバイスと求人提案をしてくれます。このタイプには**「コトラ」**や**「ムービン」**が該当します。

同じ業界への転職を考える人にはこのタイプの転職エージェントが最も効率的です。人材業界しか経験していない転職エージェントと違い、業界内事情をリアルに知っているので、求人の質やキャリアアドバイスは有用なことが多いです。

とはいえ、業界に特化しているといっても、「特殊な求人」や「限定求人」を抱えているわけではないので、大手の求人よりも少しランクの低い企業の求人や、決まりやすい求人を紹介されることもあります。それでも決して「バカにされている」などと思わず、業界出身者からの価値ある提案として受け止めるようにしてください。

面談でおすすめ求人をもらう方法

面談でのスタンスは、業界に詳しいという前提を持ちながら「論理的に話す」ことを意識してください。彼らは、自分たちの評判を大切にしているので、中途半端な候補者を企業には紹介しません。事前に転職の動機や次に行きたい企業への志望動機、キャリアビジョンなどを明確にして臨むといいです。

このタイプの転職エージェントには、エージェント自身の過去のキャリアについて詳しく聞くといいです。どういう部署にいたか、どんな職種だったかがわかると共通の話題ができます。共通の話題から徐々に距離を縮めて仲良くなり、行きたくない求人にはっきりとノーを言える関係がつくれます。その際も、嫌な理由は論理的に伝えてください。転職の軸が擦り合ってくれば、とても信頼できる転職エージェントになります。

⑤「ヘッドハンター型」エージェント

役職（執行役員以上）のある人は、ヘッドハンターを利用した転職活動が効率的です。ヘッドハンターは自身の活躍が雑誌で紹介されたり、ネットにインタビュー記事が掲載されたりすると、様々なルートで連絡先を入手して直接コンタクトしてきます。有名なヘッドハンティング企業には**「JOMONアソシエイツ」**や**「ロバート・ウォルターズ」**があります。

ビズリーチやリンクトインでも「ヘッドハンティング」と書かれたDMを目にしますが、これらはヘッドハンティングではありません。本当のヘッドハンティングは水面下で行われ、通常の転職エージェントが持っていない求人をもとに行われます。

ＣＥＯやＣＯＯ、ＣＦＯなどをはじめとする幹部ポジションがメインなので、かなり特殊な動きをしています。

面談でおすすめ求人をもらう方法

ヘッドハンターは求職者のことをよく調べてアプローチしてきますが、過剰に評価していることもあります。もしヘッドハンターから連絡があった場合、まずは会って、改めてきちんと自己紹介をしたほうがいいです。そのうえで募集求人について詳しく聞いてみてください。どういう会社で、将来どんなことを目指していて、現状はどんな人材が足りないのか。ヘッドハンターは企業のことを詳しく知っているので、話しながら疑問をどんどんぶつけてください。

面談でのスタンスは「ありのままを話すこと」。ヘッドハンティングの場合、あなたを評価したうえで連絡してきているので、身の丈の自分と、ヘッドハンターの評価におけるギャップを埋めることに努めてください。自分が有利な立場であることは自覚してOKです。強気に交渉するのがいいです。

以上、５つのタイプの転職エージェントをご紹介しました。

この情報はあくまで僕の主観なので、参考程度にしてください。ある程度いい求人を引き出すことはできると思いますが、向こうも相手を見て動くので、転職エージェントとのコミュニケーションの取り方に気をつけながら、自分に合った求人を引き出す努力をしてみてください。

書類作成編

企業に刺さる「戦略的職務経歴書」の書き方

転職を成功させるためには書類選考で提出する「職務経歴書」も重要です。ここでは、僕が実際に書いた職務経歴書を例にしながら、書き方のポイントをご紹介します。

まず、職務経歴書を書く前に、転職活動についての考えを整理しておきます。

転職活動や就職活動は**「自分という〝商品〟を企業に売り込む営業活動」**です。これまでに積み上げてきた〝自分の経験やスキル〟を商品にして「どんなことができるのか」「どう役立つか」「値段はいくらなのか」という〝自分の営業〟を展開していくのが基本です。

「御社のサービスに魅力を感じて」とか、「優秀な人が多いので」という自分がその企業に入りたい理由を伝えるよりも「自分を雇うことのメリット」を伝えたほうが、採用する側の納得度も高まります。

また、「自分を雇うメリット」が相手のニーズと合致していれば、採用される確度はさらに高くなります。転職も営業も「自分のスゴイところ」を推すのではなく「相手が求めていることに対して、自分ができること」を伝えるのが基本です。

すなわち、相手のニーズを把握し、それを満たした職務経歴書を作ることです。

必要な能力・スキル

【必須（MUST）】
・販売戦略を立て、3人以上のチームで実行したことがある方
・目標に対しKPIを設定し、定量的に営業目標を管理した経験がある方
・販売方法やチャネルを自ら考え、実績を出した経験のある方

【歓迎（WANT）】
・チームマネジメント経験
・プレイングマネジャー経験
・営業の経験が3年以上あり、ゼロから営業チームの立ち上げを行った経験

①相手の「ニーズ」を把握する

はじめに、相手の採用ニーズを把握します。

相手のニーズは、転職サイトや企業ホームページの「求人要項」にある「仕事内容」「求める人物像」「必要な能力・スキル」に記載されています。例えば、次ページのような内容です。

これだけで十分ですが、「同じ求人が載っている他の転職サイト」も見ておくといいでしょう。僕の経験上、リクナビネクスト、マイナビ転職、Ｇｒｅｅｎ、ｅｎ転職は、サイトごとに表示している「求人項目」が異なるので、ひとつの求人には記載されていない「求められる能力やスキル」を知ることができます。

加えて、社長や社員インタビューを読むのも有効です。「志望企業名　社長名」などで検索すればいくつか記事が出てくるはずなので「普段はどんな仕事をしているのか」とか、「どんな課題があるか」という部分を意識して読んでください。

こうした検索をすると、必ず「ネガティブな情報」や「企業を批判する記事」が出てきます。しかし、批判記事やネガティブな記事にもしっかりと目を通してください。

その記事で指摘されている「ネガティブな部分」を解決するために、**自分にできることは何か？　この批判の本質的な課題は何か？　と考えることで、相手に自分を売り込みやすくなる**からです。

志望企業が「これから何をしようとしているのか」「現時点でどんな課題を抱えていて、どう解決しようとしているのか」「世の中ではどう言われているのか」を把握し、その課題に対して自分ができることを的確に伝える。要は**「自分を採用するメリット」を訴求**するのです。

さらに踏み込むなら、上場企業やその子会社であれば、ＩＲ情報（Investor Relations）を見ておくのもいいです。

繰り返しになりますが、求人は「何らかの課題を解決してくれる人」を求めて出されているので、その課題を把握し「自分が過去に同じような課題を乗り越えた経験」

を記載することで**「相手が欲しがる経歴」**に近づいていきます。

また、職務経歴書に内容を書くうえで、大切な視点が4つあります。

1.「共通点と類似点」を見つける
2.社内評価ではなく「市場価値」を意識する
3.自分の「役割」を明確かつ「定量的」に伝える
4.面接での「ツッコミどころ」を用意しておく

具体的に一つずつ見ていきましょう。

②「共通点と類似点」を見つける

先ほどの求人要項を参考にお伝えすると、まず**【必須（ＭＵＳＴ）】**の部分に注目します。職務経歴書には**【必須（ＭＵＳＴ）】**に当てはまる「自分の過去経験」を中心に書いていくのが基本です（極論ですが、それ以外のことは書かなくてもいいのです）。

一方で、【歓迎（WANT）】の部分は「欲をいえば、こういう人に来てほしい」という企業の願望を伴う要件なので、これを満たせば面接にいける可能性はさらに高まりますが、無理に盛らなくていいです。

先ほどの例では、まず【必須（MUST）】の部分には下記の3つが書かれています。

・販売戦略を立て、チームで実行したこと
・目標に対しKPIを設定し定量的に営業目標を管理し進めた経験
・販売方法やチャネルを自ら考えPDCAを回し、実績を出した経験

右記と同じ経験があればそれを書けばいいのですが、あなたが少し離れた業務の場合には「転職先で求められる能力と現職で培った能力の共通点」か、または**「活かせそうな類似点」**を見つけてください。

例えば、僕はリクルートの人材広告営業から、小売店に販促の営業をするスタートアップに転職しましたが、当時の求人票には「小売店への営業経験必須」と書かれていました。

僕は小売店への営業経験がまったくありませんでしたが「レガシーな領域における営業経験」は共通なのではないか、と気がつきました。リクルートの採用広告が「紙からウェブ」に切り替わるタイミングの営業経験は、転職先の「紙チラシをウェブクーポンに変える」という点に似ているため、自分の経験を活かせるのではないかと考えたわけです。

そこで、職務経歴書に「紙からウェブへと切り替わる際に苦労した営業経験」や「切り替わる際に起こったクライアントとのコミュニケーションで気をつけていたこと」などを中心に書きました。結果、「新しいサービスに拒絶反応を示す顧客に対して、しっかりと対応できる経験のある営業マン」として内定をいただき、営業部のマネジャーとして働けたわけです（この企業は現在、楽天に買収されています）。

このように、現職と転職先の仕事の共通点や類似点を見つけ**「うちの職場でも活躍**

してくれそうだ」と相手を納得させることで、内定に結びつけることができます。自分が働いている姿を「映像レベル」で想像すれば、おのずと「今の仕事との共通点」が見えてくるはずなので、自分が働く姿を想像できるのもポイントです。

③社内評価ではなく「個人でできること」を書く

企業が知りたいのは社内評価ではなく「あなた個人で、どれだけの売り上げがつくれるの？」という点です。

職務経歴書の実績を華々しく見せるため、自分の営業成績や社内表彰などを推す人は多いですが、転職活動で企業が見ているのは「**企業という看板のない自分」に対する評価**、つまり市場価値の部分です。

「新卒で大手企業へ入社し、売り上げ目標を前年比１２０％で達成。四半期の全社会議でＭＶＰを獲得し、入社初年度には社長賞を受賞しました」

この実績は、一見スゴそうに見えますが、面接する側が知りたいのは、結果ではなく「あなたは個人では、何ができる人なの？」の一点です。

MVPや社長賞も「実績」ではありますが、あくまで「社内の物差しにおける評価」なので、相手も「そうか、この人を採用したら売り上げが伸びるかもしれない！」とはなりません。

伝えるべきは、結果のスゴさではなく「〝どうやって〟目標達成率を120％にしたのか？」という部分です。プロジェクトの大きさや結果のスゴさより「〝自分〟が実行したアクションの深さと濃さ」を書き込むのが鉄則です。

事業や組織は枠組みでしかないので、**あくまで「個人として出した成果」を訴求する**こと。「どんな目標があって」「その目標を達成するために何を考えて」「自分がどんなことをしたのか」を、どんな相手にもわかるように書いてください。

④ 自分の「役割」を明確かつ「定量的」に伝える

3つ目のポイントは、自分の「役割」を明確かつ「定量的」に書くことです。左ページの情報は、僕の職務経歴書の一部です。これを参考に解説します。

こういった職務経歴書を書くとき、僕は「STARS」という手法を使っています。

「Situation：どんな環境で」
「Task：どんな任務を持ち」
「Action：自分は何を実行して」
「Result：結果どうだったのか」
「Self-Appraisal：振り返ってみてどう思うか」

右の情報をなるべくわかりやすく盛り込むことで、読み手が入社後のあなたを**「リアルに想像できる情報量」**になるので、書類上の解像度を高めることができるので

職務内容

営業マネジャーを約2年経験。メンバー4名をマネジメント。国内No.1のXXXXサービスである来店アプリの新規開拓営業に従事。

全国の小売企業（コンビニエンスストア・ドラッグストア・スーパーマーケット）を中心に、業態、規模、経営者の特性に合わせたアプローチを行い、新規開営業に従事。年間XX,XXX店舗を開拓。

実　績

201X年X月からスタートした来店アプリの初年度売り上げ目標は、チーム全体でXX,XXX万円、個人ではX,XXX万円に設定。

個人として目標達成するための戦略として、小売り業界のなかでもスマートフォントレンドに敏感なユーザーの多い「アパレル業界」や「ドラッグストア」を攻めることを選択。ブランド力が高く、業界内で影響力を持つクライアントをターゲットに営業を開始。最大手企業の加盟を機に、雪崩式に競合企業が導入していく流れを作る作戦を実行。

短期間で結果を出すため、営業手法はトップアプローチを選択。手紙やテレアポ、紹介などを通じて、経営者に直接営業を実施。

結果として、ドラッグストア大手であるXX社とXX社で導入が決定。この実績を基に、コンビニエンスストアや大手スーパーマーケットの開拓に成功した。この結果を持って、メンバー全員にトップアプローチの手法を共有。メンバー全員が、初回から経営者やキーマンとコンタクトしてアプローチできたことで、チーム全体の目標達成にも繋げることができた。

この新規開拓手法は、チームメンバーにおいても再現性があったため、他業界でも展開できると考えており、これまでアプローチできなかった企業の開拓に役立つと考えています。

す。職務経歴書に正解はないので、自分の言葉で書くことを意識してください。

大前提ですが、実績を書く際は「昨年よりも好評だった」ではなく「前年対比120％の売り上げ増に繋がった」など、何かしらの自分がやったことで伸びた具体的な数字を書くといいでしょう。

⑤面接での「ツッコミどころ」を用意しておく

最後に、僕は職務経歴書の冒頭に「キャリアサマリー」を入れています。僕は転職歴が多いこともあり、冒頭でざっくり説明することで概要を掴んでもらいやすくしているのです。

自己紹介に近い感じで、自分のこれまでのキャリアをサラッと書いていきます。ここで大切なのは「ツッコミどころ」を用意しておくことです。

左記の場合、地方のホームセンターにいながら個人で採用メディアを立ち上げたこ

キャリアサマリー

新卒で地方ホームセンターへ入社。営業企画部にて販売促進と新卒採用業務を経験。業務に取り組む中で、個人でも採用メディアの立ち上げを行い、Yahoo!ニュースや日経新聞への掲載を機に大手人材企業へ売却。その後、リクルートへ転職。

リクルートでは新卒事業部にて営業を担当。また「リクナビの学生会員獲得」をミッションとする部署の立ち上げにも参画。営業部とのリレーション作りや、リクナビの会員獲得に向けた戦略立案・実行に従事。大学や企業人事向けに年間100回を超える講演を行った。

リクルートキャリアを退職後、小売りを対象としたITサービスを展開するスタートアップ企業へ入社。来店アプリ「XXXX」の事業開発および新規開拓営業に従事。入社初年度に大手ドラッグストアの社長へ直接アプローチし、xxxx店舗超の新規開拓に成功。入社2年目にマネジャーへ昇進。営業戦略やKPIの策定に加え、4名のメンバーマネジメントを担当。その後、楽天の買収を機に退職。

現職では外資系を中心としたプロモーション広告の営業部にて部長職に従事。10名のマネジメントを行い、事業戦略と営業のプレイヤーを兼務。

とや、リクルートでの具体的なミッション、大手ドラッグストア社長へのアプローチで新規開拓したことなど、**面接官が具体的に聞いてみたくなるポイント**を盛り込んでいるのです。

すべてを職務経歴書に盛り込んでしまうと「面接で聞くまでもない」となってしまうので「ここについて、詳しく聞いてみたいな」というくらいの内容で書けばいいと思います。相手のニーズを満たす職務経歴書を作ることで、「企業が会いたくなる人材」を目指しましょう。

面接編

自分を採用するメリットを打ち出す面接術

僕は、自分が転職活動で面接に行くことも多いですが、仕事の立場上、就活生や転職者の面接をする機会も多々あります。

過去に在籍していたリクルートや楽天では、営業の傍らで就活生や転職者の面接をしてきました。**どの採用ポジションであっても、大枠で見ている共通のポイントが3**

つあり、自分が面接に行く際も、このポイントを聞かれることが多かったので、ご紹介します（※採用ポジションや採用要件によって見るポイントに角度の違いはありますが、多くの面接で「ここは欠かさず見ている」というポイントについてお伝えします）。

①「何ができる人なのか」を伝える

まずは「この人は、何ができる人なのか」という点。面接する側とされる側で認識がズレやすいのが、ここです。

職務経歴書の書き方でもお伝えしましたが、「私は売り上げ目標を１２０％で達成してきました。四半期の全社会議でＭＶＰを獲得し、年間では社長賞も受賞しました！」と、社内での実績を前面に押し出すのではなく、**「自分は何をしてきたか」を伝えること**が大切です。

「毎月30件の商談を獲得して表彰されました」という実績があっても、会社の看板や商材の強さ、会社内にある独自のノウハウによって誰でもできることで、個人の実力ではない可能性もあるわけです。

伝えるべきは結果ではなく「何をしてきたのか？」という部分です。次ページのような内容まで伝えられると、とても強いアピールになります。

「個人として、毎月目標とする30件の商談目標を1年間達成し続けました。一日の架電件数を人の5倍に設定し、電話を受けてもらいやすい時間、電話をする相手のプロフィール詳細を調べるなどの工夫をしました。電話では商材の話をせず、課題を聞き出すトークを中心に行い、接点を持つことに注力しました。結果として毎月30件を超える商談を実現しました。また、チームもこの手法を共有し、チーム全体の商談獲得率は前年比プラス15％に向上しました。現在はマネジャーになっています」

このように、プロセスを具体的に説明することで「入社後に、どんな行動をしてくれるか」が見えるようになるため、面接官も入社後の姿を想像しやすくなります。

面接では、結果や実績と合わせて「目標に対して、自分がどんなアクションをしたのか」という点を伝えるのが鉄則です。プロジェクトの大きさや結果のスゴさより、**自分が実行したアクションの「深さと濃さ」**を伝えることを意識してください。

さらに言うと、自分に与えられた目標だけでなく「会社として目指している景色」まで踏まえて話ができると、もう一段高い評価に繋がります。

会社が目指している「上流部分（会社全体の目標）」を見つつ、自分が任されている「下流部分（手元のミッション）」を実行して、自分の成果だけでなく、会社の成果に繋げる成果や行動がとれる人は、とても評価が高いです。

会社が目指している上流部分から物事を捉える力は、昨日今日では身につかない能力なので、日頃の仕事のなかで視座の高さを意識して仕事に取り組むしかありません。

与えられた個人の目標を達成するだけでなく「組織としての目標」や「その目標を達成することで見える組織の風景」なども考えて行動できると、どの会社においても面接での評価は高くなるはずです。

②再現力の高さを証明する

2つ目のポイントは**「再現性」を伝えられるか**、という点です。

面接する側は、「何ができる人なのか？」がわかってくると、次に「この人がうちに入社して、同じように活躍できるか？」という点に注目します。商品や組織の形、価格やステークホルダーが違う環境でも「前の会社と同じように活躍できる人なのか？」という「再現力の有無」を知りたくなるのです。

僕は、いわゆる「個人の市場価値」というのは、この再現性の有無の影響が大きいと思っています。

「成果を出すプロセスで、何を考えて、何をしたか」だけでなく、「その成果を出す経験で得たことを、自分の血肉化できているか？」が、自分の市場価値に大きく寄与します。その**知見や経験に、個人の価値が宿る**のです。

「仮に、もう一度同じ仕事をやるなら、どうやりますか？」と問われたときに「前回と同じことを、同じようにやって、前回と同じ成果を出す人」と、「一度経験したことを活かして、効率よく高い成果を出す人」では、評価が大きく異なります。もちろん、後者が高く評価されます。

企業が面接で重視するのは「ウチの会社で、同じように活躍できるのか？」という点なので、「これまでのキャリアで経験したことを、御社でこう活かすことができる」という再現力を的確に伝えなくてはいけません。

「自分が入社することで、再現力を持って活躍できる」ということを伝えるには、新しい会社での仕事を**「映像」で想像できるレベルにまで「自分が働く姿」を想像する**必要があります。

新しい会社のリアルな情報を収集し、自分が出社して、毎日どんなことをするのかを「映像レベル」で想像するのです。そうすることで、「あ、この部分は今やっている業務で得た力が活かせそうだ」という共通点が見つかります。その共通点を、自分が入社した際に「貢献できるポイント」として面接で訴求できるようになります。

また、相手のニーズを把握することも必要です。

企業が求めているニーズは転職サイトや企業のホームページだけでなく、転職エージェントや企業の人事の方に「今回の採用の募集背景ってなんですか？」という質問をすることでも把握できます。

今回採用する人にはどんな課題を解決してほしいのか、どんなミッションを与えるのか、会社としてどういう方向に行こうとしているのか、という質問をしていくと、おのずと**採用した人に「再現してほしいこと」が見えてきます。**

今の仕事を振り返って、企業からのオーダーに自分が応えられそうか、もし応えられるなら、その根拠を過去のキャリアから伝えればいいのです。

また、「成功体験だけ」を血肉とするのではなく、仕事の失敗や後悔を、「反省・内省」についても自分の経験に刻んでおくといいです。

成功体験の裏には必ず失敗経験があり、そこから学び得たことも、自分の価値になります。志望先の企業が同じ過ちを繰り返そうとしたときには「そのやり方ではなく、こっちのやり方のほうが成功しやすいと思います」と、役立てることができるは

面接では「再現性」のアピールと企業の「ニーズ」を聞き出す姿勢が大切

「何をしてきた人」なのかを伝えつつ
再現性をアピールする

ずです。

面接では「自分を採用するメリット」を、再現性を含めて証明し、説明できると「必要とされる人材」になる可能性を高めることができます。

③情報の見方と発信の仕方を考える

最後のポイントは「情報の見方」と「発信の仕方」です。

普段生活していると、テレビから流れてくる情報を少なからず目にします。しかし、そのニュースは、テレビ番組側が決めた優先順位で発信されています。たとえそのニュースが自分にとって重要でなくとも、無意識に「重要なニュース」としてインプットされ、情報の表面だけを捉えて知った気になってしまいます。流されるままに情報を受け取ることに、自分の思考は介在しません。

本来、情報の優先順位は自分で決めるもの。能動的に取り入れるほうが自分の意見を持てて、多角的に判断できるようになります。テレビやネットニュースを受動的にインプットするのではなく、自分にとって重大かどうかを判断し、自分の思考を介在させることが大切です。

こうした部分は日頃の積み重ねなので、面接直前の「付け焼き刃」では対策できません。そのため、その人の「素の部分」が出ます。

僕は面接官をするとき、インプットの「量」よりも「そのインプットから、何を考えたのか？」「そのニュースにどんな意見を持っているか？」という部分を見ることで、その人の思考を見ています。ビジネスをするうえで情報の取り方はとても大切なので、**情報感度の高い人や自分の意見を持てる人は評価できる**のです。

また、情報の取り方だけでなく、発信の仕方も大切です。自分の意見を持っている人ほどＳＮＳで発信する傾向が強いです。

また、発信することがないという人でも、ニュースなどにコメントをつけて発信するだけで意識が変わります。SNSでの反応から自分の意見が世の中でどう評価されているかがわかりますし、どういう意見が世の中にとって価値があるのかを把握できます。すると、自分の情報の取り方の精度や、得意分野がわかってくるのです。

仕事に対する情報感度の高さや自分の意見を持つことは、日頃のSNSやニュースの見方でも鍛えることができるので、意識してみてください。

決して「フォロワー数が多いほうがいい」という話ではなく、「情報の取り方」と「発信のやり方」が大事なので、聞いてもいないのに「僕はフォロワー1000人います！」とかは言わないように。

5 内定後に大切にすべきこと

希望年収を叶える「年収交渉術」

僕は、転職活動をするときは毎回、10〜15社くらい受けています。転職歴が多いので、書類で落とされることも日常茶飯事です。

しかし、面接に進むことができれば、基本的に落ちることは少なく、自分が欲しい年収額についてもほぼ叶えています。

では、どのようにして希望年収を叶えているのか。それは、転職エージェントとの面談や企業面接で**「最も大切な転職の軸は何ですか？」と聞かれたときに「年収です」と言いきる**からです。

「そんなこと言ったら、印象が悪くなるのでは？」と、不安になる人もいると思いますが、年収は必要条件であり、十分条件ではないことを同時に伝えると、誤解のないコミュニケーションになります。

なにより、自分が大切にしていることを企業に伝えるのは、**自分の「交渉ポイント」を教える**ことになるのです。

企業側が「この人は、どうしたらウチに入社してくれるのだろう？」と悩んだときに、年収を重視していることを事前に伝えておけば、交渉のテーブルが「年収」になります。自分が大切にしている転職条件を「年収」だと明確に伝えることで、交渉できる状況をつくってしまうのです。

もちろん、あくまで必要条件なので、自分が大切にしているほかのポイントもあわせて伝えるといいでしょう。僕は、残業の有無、休暇日数などの福利厚生のほかに、自分に与えられる裁量権、自分に期待されている成果、組織構成などを確認していきます。高い年収をもらうための交渉をしても、結果を出せる環境でなければ、入社後に期待に応えられないからです。

転職でしっかりと年収を上げるのであれば、「最後の決め手は年収です」と宣言して問題ありません。むしろ、自分に明確な軸があったほうが、ふわふわと転職活動している人よりも印象がいいと思います。

また、**転職先の給与体系を知っておく**ことも大切です。給与体系を知っておくことで、自分のオファー年収がどのあたりなのかも把握できます。会社によっては社内の給与体系上、年齢ごとに上限が決められている場合もありますが、基本的には給与体系の上限まで交渉の余地があります。

転職エージェントに給与体系を聞いたうえで、面接ではその範囲の希望年収を提示してください。反対に給与体系を超えた年収を提示してしまうと、向こうが採用を諦めてしまう可能性があります。

給与体系を知ることで、将来の年収もざっくり見えてきます。「30歳で年収1000万円を稼ぎたい」と考えて入社しても、「社長の年収が900万円」であれば、また転職するしかありません。自分が将来的に欲しい金額をもらっている社員がいるか？という点についても確認しておくといいです。

とはいえ、いずれも「企業が自分を欲しい状態」で行うのが前提です。前述した「相手のニーズに応え、自分の市場価値が高い状態」だからこそ有効な手法なので、相手があまり自分を求めていない状態のときは、慎重に行ったほうがいいです。

年収の交渉というのは「自分の時間とスキル（労働力）」を、企業にいくらの年収で提供するかという重要な交渉シーンです。

企業が自分を必要としている状態になれば、ある程度こちらの要望はのんでもらえるはずなので、手応えを感じたら少し強気の年収を伝えてもいいと思います。

僕は内定後に「入社時期の相談」や「入社前にメンバーに会わせてほしい」など、こちらの要望に応えてくれる状態が**「自分を欲しいと思っているフラグ」**だと思っているので、こうしたケースでは強気の年収を提示しています。また「軸ずらし転職」で志望度の低い他業界で、高めの年収オファーをもらい、それを比較対象として出すことで年収交渉を有利に展開したりもします。


あくまで年収が最後の決め手であることを伝えているので、このやりとりで違和感を持たれたことは、今のところありません。

年収交渉は「自分の実績と市場価値ありき」なので、日頃の仕事で成果を出すことを忘れないでください。市場に求められる能力を把握して、日々の仕事でその能力を身につけることが、強気な年収交渉をするうえでの重要なポイントです。

退職交渉に使える3つのカード

転職をする際に、「退職の仕方」について悩む人は多くいます。僕はこれまで4度の退職シーンをこなしてきましたが、いろいろなドラマがありました。

大前提ですが、会社は自分の人生を保証してはくれません。どんな会社でも、自分がいなくても仕事は回ります。むしろ、自分がいなくなることで倒産するような会社にいるほうが危険です。

揉めるんじゃないかとか、自分が辞めたら迷惑がかかる、と思うかもしれませんが、実際に自分の身近な人が辞めて会社が倒産したことはありますか？

どんなに曖昧な引き継ぎであっても、自分がやっていた仕事は誰かしらが引き継いで仕事は回っていきます。どんなに引き止められようと、自分が辞めた次の日も社内は平常運行しています。**自分にしかできない仕事というのは、もはやない**のです。

僕の経験からですが、退職交渉で困るパターンは「ポジティブな理由で引き止められるパターン」と「辞められては困る」という会社側の一方的な要求の2つです。

これらに対して応戦する**有効なカード**は**3つ**あります。

まず、次の会社でやりたいことを熱く語るカードです。とにかく熱く語って「これはとめてもムダだな」と思わせるのです。

ただ、このカードを切るときに気をつけるのは「自社でやれる内容を伝えてしまうこと」です。「それならウチでやればいい」と言われてしまい、年収を上げるとか役職をつけるとか、外堀を埋められてしまいます。あくまで「この会社ではできない、自分のやりたいこと」を熱く語ってください。

2つ目のカードは、時間切れを狙うことです。転職先の内定承諾後に、事後報告で会社に伝えるのです。

「相手先への入社が○月なので、それまでに引き継ぎをしたいです」と、期限を決めてしまう。もはや事後報告であるため、会社側はどうすることもできなくなります。事後報告してきたことに嫌みを言われるかもしれませんが、そうした人とはその会社限りの付き合いになるので、気にせず業務の引き継ぎをして交渉を進めるのがいいと思います。

最後の切り札は「家族カード」です。この手法は1社に1回限り有効です。どうにも辞めさせてもらえない場合にのみ使ってください。

「母親の介護で地元に帰らなければならない」「嫁が重い病にかかったため、嫁の実家に戻る」など、どうにもならない家族事情を使います。

本当はよくないのですが、どうしても辞めさせてもらえない場合はやむを得ないと思います（僕の両親は「そのために死ぬならいくらでも死ぬ」と言ってくれたので、一度だけ使わせてもらいました）。

いずれのカードにも共通しますが、今の会社を批判するかたちでの退職は避けたほうがいいです。たとえ批判したい気持ちがあっても、本音と建前で行動してください。

「お前にはまだ転職は早い」とか「そんな状態で転職してもいいキャリアにならない」とボヤいてくる同僚や先輩もいるかもしれませんが、そういう人ほど転職未経験だったりするので、話半分に聞いておけばいいと思います。

退職するのは、後ろ髪を引かれるくらいの状態がベストです。意思決定はあくまでドライに行い、自分のキャリアを築いてください。本当にいいメンバーが在籍している会社であれば、自分のキャリアを応援してくれるはずですし、その後の関係も続いていきます。

6 転職後に持つべき大切な視点

ここまで、転職に関するテクニックをお伝えしてきましたが、転職活動はオファーをもらうことがゴールではありません。**入社して、活躍することがゴール**です。高い年収でオファーをもらって転職しても、活躍することができなければ、評価されずに翌年の年収が下がる可能性もあります。

重要なのは高い年収をもらうことではなく、次のキャリアを目指して「結果を出し続ける」ことです。

次のキャリアを目指すプロセスは、転職して入社したその日から始まります。つまり、入社した日から、結果を出すための環境を整え始めることが必要です。

転職先における「人間関係構築法」

サラリーマンである以上、人間関係はつきものです。僕は過去に、転職先の人間関係づくりで失敗したことがあります。最初の転職で人材広告会社に入社した際、前職での実績をひけらかし、前の職場と比較して今の会社のやり方を批判してしまい、メンバーと疎遠になったのです。

するとどうなるか。共有されるべき情報が自分だけに回ってこなかったり、会議に呼ばれなくなったり、自分だけムダに目標を高くされたりと、自分の立ち居振る舞いによってやりづらい環境にしてしまいました。

入社後は、**すでにいるメンバーから「どんな人なんだろう?」と様子を見られる期間が必ずあります。**焦って周りの期待に応えるべく、前職での実績を口にしたり、今のやり方ではなく、前職のやり方を推すような行動をしてしまいがちですが、これは在籍しているメンバーのひんしゅくを買う可能性が高いです。

僕の経験ですが、自分を売り込むのではなく、周りのことを理解する姿勢を大切にするといいでしょう。

仕事で疑問に思ったことは、上司だけでなく、周囲の人たちに誰彼構わず聞いてみる。わからないことは素直にわからないと伝えて、教えてもらう。前職や現職を否定するコミュニケーションをしないなど、関係づくりに励むべきです。

特に、**社内のキーマンを見つけること**が、人間関係を構築するうえでは非常に重要になります。キーマンは決裁者に限らず、事務職のベテランや、役職のない社歴の長い人だったりします。彼らを主軸に据えつつ、メンバーとのコミュニケーションを築いていくことが重要です。

一方で、現場社員だけでなく、社長や役員クラスの人とのコミュニケーションも大切です。面接で会って以来、全社総会でしか会わないという状態になるのではなく、定期的に食事に誘い、組織における困りごとや現場の状況などをしっかり対面で伝えるようにするといいでしょう。

組織の上から下まで、すべての人と関係を築いておくことで、それぞれの意見を聞くことができるポジションを取る。組織の中で徐々に知名度を高めていくことで、自分のフォロワーを増やし、成果を出しやすい環境づくりをしてください。

パフォーマンスを発揮するのは入社3カ月目から

サラリーマンとして働く以上、入社後には必ず活躍が求められます。僕は、入社して**3カ月が経過したタイミングをめどに、業務の成果をあげる**ことを意識しています。

3カ月経つと、おおよその人間関係や社内環境への適応ができてきます。人間関係の構築ができていないなかで、あまりにも高い成果を出してしまうと、妬みを生む可能性があります。まったく本質的な問題ではありませんが、サラリーマンとして働く以上、社内政治を意識した振る舞いも、ある程度は必要です。

「高い年収をもらって転職してきたから当然だろう」「社長に可愛がられているから結果が出しやすいんだろう」などと、あらぬ噂を立てられてしまうと、本来築けたはずの人間関係を構築することが難しくなるケースもあります。

もちろん、全員が高い成果を出すことを喜んでくれる会社が一番ですが、企業規模が大きくなるほど、そうはいかないのが現実です。

また、**入社してすぐに成果を出すことは、自分自身の首を絞めてしまう**可能性があります。

例えば、入社1カ月目に大きな成績を出しても、翌月に目標未達成になると、「結局たいしたことなかった」とか、「初めだけだった」などと、無意味な烙印を押されがちです。

しかし、信頼関係ができた状態で実績を上げていけば「あの人、すごいかも」と、応援されるようになっていきます。また、成果によっては、人がついてくるようになります。組織のパフォーマンスを最大化するという視点から見ても、こうした振る舞いはとても大切です。


入社1カ月目は社内の人間関係を理解して、自分のポジションを得る。

2カ月目はビジネスの状況を理解して、自分がやるべきことを見つける。

3カ月目は、それまでに把握した職場の状況と、自分がやるべきだと思う仕事を役員クラスにも伝え、自分で成果を出す。


下からも、横からも、上からも、全方位的に応援される状況をつくって、成果を出す。僕の経験上、この方法が最も転職後にパフォーマンスを発揮できる下地だと思います。

転職に「ゴール」はない

これまで4度の転職を経験してわかったことは、「自分が思った通りの会社」や「安定した会社」といった、**いわゆる「いい会社」というのはほとんどない**、ということです。

転職後に、会社の事情で配属部署が替わったり、経営者の一存で事業部そのものがなくなったり、年収レンジの改定で給与が下がるなど、会社に所属している以上、自分では抗えない変化が起こります。

あなたが望む「完璧な会社」というのは青い鳥です。転職しても、会社に安定を求めてはいけません。

よく「本当にいい会社はどこですか?」と聞かれますが、**僕は、「自分で働き方をコントロールできる会社」**だと思っています。

「転職」や「副業」を通じて、自分の市場価値を高めることが「自己防衛」になることを考えあわせると、自分で働き方をコントロールできる環境が最も安定に近い場所になると思うからです。

「安定」を求めて企業に入ってしまうと、企業に依存して市場価値は伸びなくなります。自分で働き方をコントロールできる会社を選び、その**会社を「利用」することで自分の価値を伸ばしていく**ことが大切です。

安定は企業に求めるのではなく「自分の能力」に求めるべきです。その意味では、転職にゴールはありません。

副業の解禁やフレックス制度など、少しずつではありますが、「自分で働き方をコントロールできる会社」は増えています。こうした環境に身を置いて、社外でも自分の価値を出せるようにしていくことが、これからのサラリーマンにおける生存戦略になっていくと思います。

第 4 章

本業を活かして稼ぐ「サラリーマンの副業」

昨今、みずほ銀行やソニー、伊藤忠商事など、国内大手企業の「副業解禁」が話題になりました。平成から令和へと転換するタイミングで、副業を認める動きが活発になっています。

政府も「働き方改革」の一環として副業・兼業を推進しています。最大の狙いは経済の活性化です。「副業や兼業をすることによって、自分が所属している会社に留まることなく、新たな発想で事業を起こし、日本経済全体がより活性化する」ことを目的としているようです。

このメッセージをどう見るかは人それぞれですが、少なくとも**「個人でもお金を稼げる環境」は整い始めています**。「空いた時間で少しでも収入を増やしたい」「自分の趣味や好きなことでお金を稼ぎたい」と考える人も多いでしょう。

第4章では、僕の実体験をもとに「個人で稼ぐ力」をつけるための「サラリーマンの副業」についてお伝えします。

「副業年収4000万円」の内訳

僕の副業については、これまで『東洋経済オンライン』や、『新R25』など、数々のメディアで取り上げていただき、「副業年収４０００万」というワードがＴｗｉｔｔｅｒの「日本のトレンド」に上がったこともあります。

おかげさまで２０１９年2月には、日本最大級のアフィリエイト・サービス・プロバイダーである「バリューコマース」から年間ＭＶＰとして表彰され、日本屈指のブログメディアとして、現在も成長を続けています。

僕は、Ｔｗｉｔｔｅｒを主戦場に副業をしています。

僕の副業は、**「サラリーマンとして苦労して得たこと」や「自分の転職経験」をコンテンツにする**ことで副収入を得ています。「本業は定時で帰って、副業でガッツリ稼ぎましょう」という意見を目にしますが、僕が目指しているのはあくまで「本業で努力をして、その知見で稼ぐ」です。

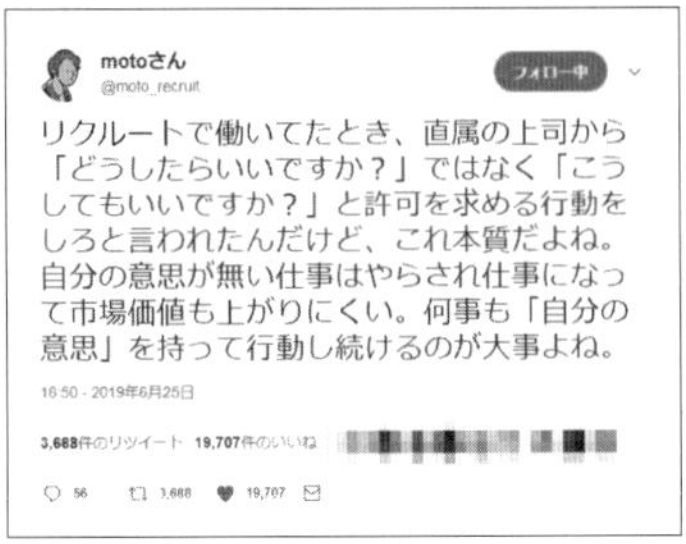

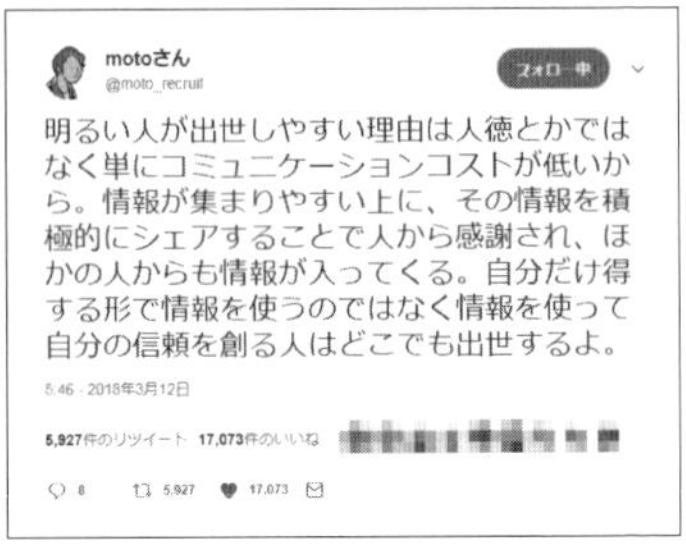

これまでのキャリアで得た転職の知見や営業の知識、年収の話など、多くの人の共感を得られるツイートをすることで、Ｔｗｉｔｔｅｒを本格的に運用しはじめて約2年で6万人超にフォローしていただきました。このＴｗｉｔｔｅｒの力を活用して、自分の知見をコンテンツ化して配信し、収入に繋げています。

例えば、僕が使っている「ｎｏｔｅ」というサービスがあります。「ｎｏｔｅ」はブログのように自分で記事を書いて、自ら値段をつけて販売することのできるサービスです。

このサービスを利用して、本書でもご紹介したベンチャー企業時代に培った「**新規アポの獲得術**」や、自分の転職経験から得た「**年収を上げる転職方法**」について記事を書き、Ｔｗｉｔｔｅｒで発信することで、多いときには月に約200万円の収入を得ることができました。

また、自分の転職経験を綴ったブログ「転職アンテナ」も大きな収入源の一つです。

Twitterでは140字しか配信できませんが、ブログには多くの情報を盛り込むことができます。そこでは、自身が転職活動をするなかで実際に役立った転職サイトや転職エージェントを紹介したり、本書にも記述した面接術などを書いています。

自身のブランディングも行いながら、これらの記事を書いて発信することで**「転職に詳しい人＝motoさん」というブランドを築き、情報の信頼度を高める努力**をしてきたのです。おかげさまで、このブログはSEOの効果もあって、アフィリエイトで毎月数千万円の売り上げを生み出しています。

また、このほかにも、Twitter経由で音声メディア「Voicy」からオファーされ、パーソナリティを務めることで広告費をいただいたり、Twitter経由で記事の執筆や本書の出版企画を持ち込まれるなど、収入のチャネルは日々増加しています。

決して特別な勉強をしているわけでも、副業に大きな時間を割いているわけでもありません。これはTwitterを通じて、本業での成果にこだわった**「サラリーマン経験」を発信し、「資産」にしている**のです。

2018年4月には副業を法人化し、現在は役員報酬で年収4000万円を入れている、というのが僕の副業収入になります。

「本業への余裕」を生む副業の3つのメリット

先ほどもお伝えしましたが、僕は「本業で得た知見を副業に活かす」かたちで収入を得ています。本業の成果に副業をかけ算することで年収を増やし、個人として稼ぐ力や個人のブランドを伸ばす戦略を展開しているのです。

よく「副業をするメリットは何ですか？」と聞かれますが、僕は大きく3つのメリットがあると考えています。1つ目は「個人のブランド化」、2つ目は「収入チャネルの増加」、3つ目は「本業での市場価値向上」です。

①自分を売り出す「個のブランド化」

サラリーマンが会社で上げた成果は、会社の看板や組織があってこそできることなので、結果や成果のすべてが自分の実力に依存しているわけではありません。

しかし、**副業はすべて「自分」に依存します**。しかも、サラリーマンのように看板がある状態ではなく、「あなたは誰で、何ができる人ですか？」という状態からスタートし、お金を稼いでいかなければなりません。副業では「○○ができる人」という個人のブランド化が必要なのです。

副業を通じて自分をブランド化できれば、そのブランドはあなたが会社の看板に頼らずに生きていくための「資産」になっていきます。

例えば僕の場合、「転職＝ｍｏｔｏさん」、「副業＝ｍｏｔｏさん」といったブランドです。特定のキーワードで第一想起されることは、その分野での信頼を獲得できている証拠。Ｔｗｉｔｔｅｒのフォロワーは6万人を超え、日々の僕のつぶやきには1000を超える「いいね！」がつくので、もはや、会社に所属しなくてもやっていける「ブランド」になりつつあります。

副業を通じて自分の情報を発信し、会社の看板がなくても**「〇〇ができる人」というブランドを築くことは、自分への自信に繋がります。**「〇〇社の〇〇です」ではなく、「〇〇をやってきた〇〇です」と、会社名以外で自己紹介できる「個人のブランド」をつくっておくことは、今後のサラリーマンのキャリアにおいて大きなメリットになるはずです。

②収入チャネルの増加による経済基盤の確保

今の時代、「安定」と言われていた大手企業でさえ、淘汰される厳しい時代になっています。

最近では、日本の経済成長を牽引してきた大企業でさえも、大規模なリストラを行っているのが実態です。どれだけ会社に貢献しようと、リストラ候補になる可能性は誰にでもあります。

そんななか、自分の収入チャネルが会社の給与しかないという状況は、自分の意向とは無関係に、突然、無収入になるリスクに繋がります。副業などを通じて収入源を分散化しておくことは、**会社が倒産しても「明日からご飯が食べられない」という事態を避けるリスクヘッジ**になるのです。

また副業は、収入におけるリスクヘッジだけでなく、生涯年収の増加に寄与します。最初は少ない金額しか稼ぐことができないかもしれませんが、本業での成果をうまく還流させていくことで、徐々に収益を増加させられるようになります。

僕は今でこそ、本業を上回る副業収入を得ていますが、すぐに副業でお金を稼げるようになったわけではありません。ＳＮＳでの情報発信や、自分の本業での努力を続けてきたことによって、徐々に副業収入を上げていきました。

しかし、この積み上げてきた資産とも言える「稼ぐ力」があれば、本業で戦力外通告を受けても、個人として食べていけるだけの収入を確保できます。収入チャネルを複数に分散させておくことは、自己防衛としての経済的安定だけじゃなく、精神的安定にも繋がるわけです。

②本業における「市場価値向上」への寄与

僕が副業をする最も大きなメリットだと思っているのが、「個人の市場価値向上への寄与」です。**「副業での収入があることで、本業でも大きなチャレンジができる」というマインドセット**になれる効果です。

本業しか収入チャネルがない場合、会社の顔色をうかがいながら仕事をしがちになります。上司の評価を気にして、仕事で失敗しないように無難にこなしたり、周りの状況に合わせて動いたりと、余計なことを考えながら仕事をしなければなりません。

しかし、「副業での収入」があることで、よりチャレンジングな選択ができるようになります。少なくとも、僕はできています。

「お金は、心の余裕」などと言いますが、お金に余裕が生まれることで、大胆な意思決定をしやすくなるのです。ハイリスク・ハイリターンという言葉があるように、大胆な選択は、成功したときに大きなリターンに繋がります。しかも、サラリーマンは失敗しても自分が全ての損害を被ることはありません。

大胆かつチャレンジングな選択をして、大きな結果を出すことは、自分の市場価値の向上に繋がります。副業収入があることによって**「失敗したら辞めればいい」**と、**気持ちに余裕が生まれ、働くうえでの後ろ盾になる**のです。もし明日、クビになっても転職先はあるし、副業の収入もある。こうした状態を実現することこそが、市場価値を伸ばす要素になります。

また、副業の内容によっては、副業で得た知見や人脈が、ダイレクトに本業や自分のキャリアに好影響をもたらすことがあります。

実際、僕が副業で情報発信をしてきたことで、数多くの企業から転職のオファーを頂いたり、メディアの取材を通じてできた人脈が本業での仕事に繋がったりと、大きな恩恵を受けています。

本業を活かして副業に取り組み、副業で得た知見をさらに本業に活かす。この**相互作用によって、「個人の市場価値」を高めていく**ことこそが、サラリーマンが副業をやる最大のメリットです。

個人ブランドを活かした「サラリーマン副業」のやり方

「人が集まれば、そこにビジネスが生まれる」という言葉があるように、自分のところに人を集められれば、個人でお金を稼ぐことができるようになります。

僕はＴｗｉｔｔｅｒでフォロワーを集めたうえで、自分が培った本業の知見を発信しています。具体的にその展開方法とやり方についてご説明します。

①時間を切り売りする「労働集約型」にしない

まず、大前提ですが、サラリーマンの副業は労働集約型にしてはいけません。

僕は**「サラリーマンができる副業」には、大きく4つのパターンがある**と思っています。１つ目が「コンテンツ配信」、２つ目が「転売」、３つ目が「イベント」、４つ目が「投資」です。どれも、すぐに始めることができます。

僕は、サラリーマンの副業において大切なことは「リスクが少ないこと」と「負荷が小さいこと」だと考えています。副業で大きなリスクを背負ったり、働きすぎて本業に支障をきたしてしまっては本末転倒です。できるだけ個人の持ち出しが少なく、手軽に始められる副業がいいのです。

この4つのなかで最もリスクが少なく、負荷が小さいもの、かつTwitterの個人ブランディングと相性がいいのは、ブログなどの**「コンテンツ配信」**です。

第1章でもお伝えしましたが、僕は中高生時代に転売をやっていました。転売は相場を調査したり、落札、梱包、配送など手間がかかります。そのため、サラリーマンがやるには効率が悪い。作業を外注する手もありますが、それだと初期投資が必要です。

サラリーマンの副業は、使える時間とお金が限られます。そのため、**自分が手を動かさなくてもお金を稼げる仕組み**をつくることが必要です。

副業を労働集約型にして時間の切り売りをしていると、大きな金額を稼げません。副業はなるべく自分が手を動かさなくても「お金が入ってくる状態」にすることが理想です。

その点、ブログなどのコンテンツ配信はとても効率的に運用できます。

また、Twitterでのブランディングができれば、ブログへのアクセスも集め

サラリーマン向けの副業は大きく4種類ある

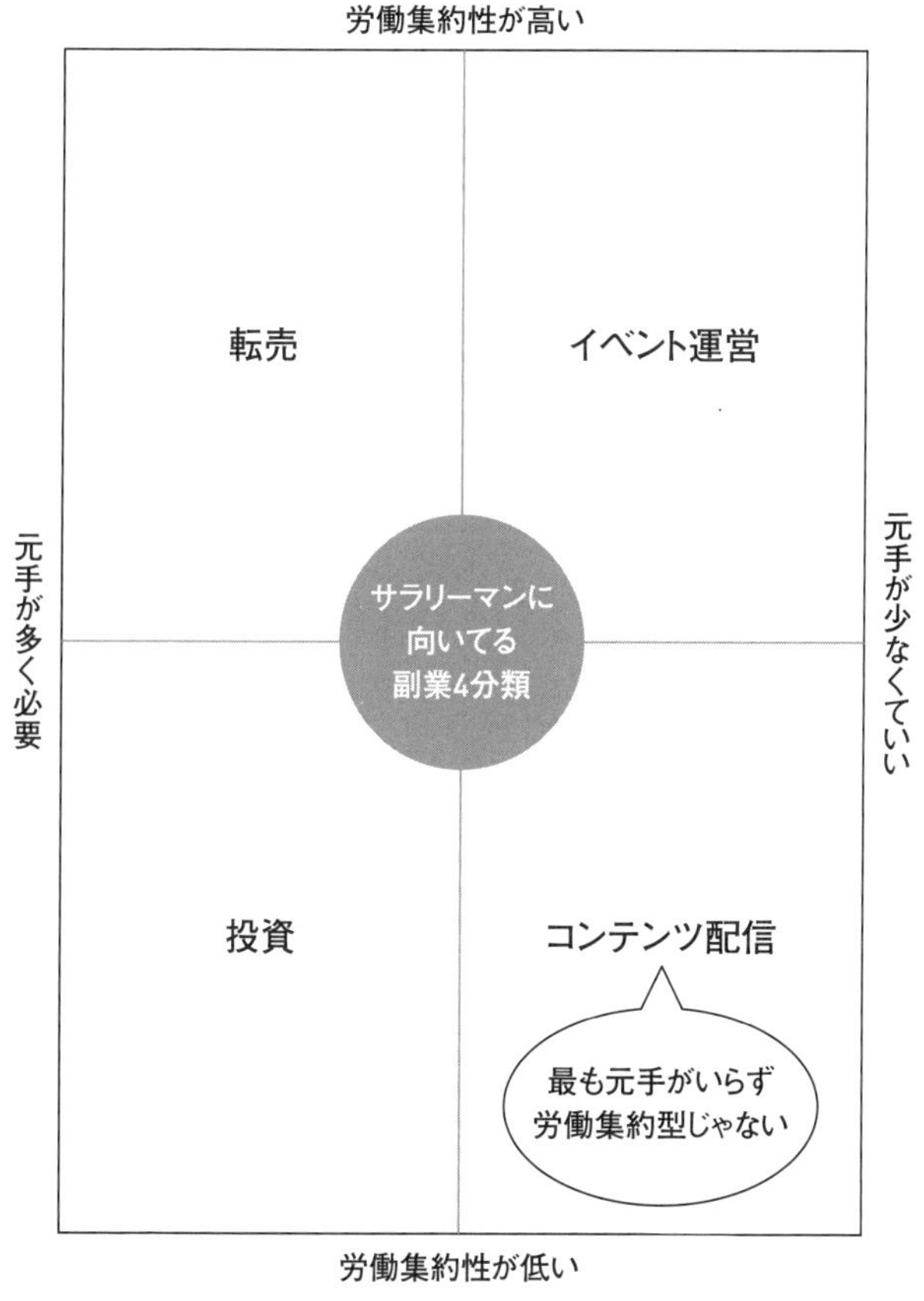

やすくなるため、手間がかからないという点でもおすすめです。

②本業や過去経験をお金に換える

僕の経験上、サラリーマンがブログやコンテンツ配信でお金を稼ぐには、「本業で自分が苦労して得た知見」を発信するのが近道です。

副業の場合、本業と違い企業の看板がないため、「自分」を資本にするしかありません。自分しか資本がない状態で利用できるものは「自分の持つ知識」や「自分が経験して得た知見」、そして「自分の時間とお金」です。

ただし、サラリーマンの場合、「自分の時間とお金」はそう多くないはずです。

少し話は変わりますが、**人は「自分にとって有益な情報」にお金を使います。**「お金を払ってでも知りたい有益な情報」を分解していくと、「自分と同じ悩みを持った人が、それをどのように解決し、結果どうなったのか」という「自分と同じ境遇の人の体験談」に価値を感じることが多いのです。

こうしたオリジナル性の高い情報は、個人にしか発信することができないため、企業と競合することもありません。自分にしかアウトプットできない情報にこそ、ユーザーが価値を感じ、お金を払ってくれます。

その観点で言えば、まさにサラリーマンは、本業で様々な苦労をして多くの知見を持つ存在です。そして、同じような苦労に悩み、解決策を求めているサラリーマンは世の中に数多くいます。**サラリーマンの経験には、多くの需要と供給が潜んでいる**のです。

実際、僕は新入社員が新規のテレアポを始める時期に、自分が経験して得た「新規アポの獲得術」をｎｏｔｅで配信し、公開から12時間で約１００万円の売り上げがありました。自分が苦労して得た経験を余すところなくコンテンツにしたことに価値を感じてもらえたのです。

その際、以前からＴｗｉｔｔｅｒで「営業ができる人物だ」という認知を広げていたこともあり、短時間で大きな売り上げに繋がりました。
自分を資本とする副業は「本業で得た知識や、実際に経験して得た知見」をコンテンツにすることが、最もお金にしやすいと個人的には思います。

③発信するテーマは「リクルート」をみる

コンテンツ配信といっても、お金を稼ぐためには「何を」発信したらいいのか。このヒントは**「リクルートが事業展開している領域」**にあります。

リクルートが展開している、ゼクシィ（恋愛・結婚）、リクナビ（就職・転職）、SUUMO（賃貸・住宅購入）、カーセンサー（車）などの領域は、人生における重要な意思決定シーンであるため、情報収集をする人が多いのです。そしてリクルートはそのマッチングで稼ぎ、時価総額は6兆円を超えています。明らかにお金が動く分野なのです。

しかも、この分野は**「喉元すぎれば」という、情報過疎な領域**です。

就活も転職も、家を買うのも結婚も、そのときはいろいろ考えますが、喉元をすぎて、自分が就職したり、転職できればそこで完結します。「就活は、なんか大変だった気がする」と思い返すくらいで、その苦労を人の役に立つかたちで発信しないのです。発信したとしても、ＳＮＳで「就職が決まりました」「転職しました」と報告する程度で、悩んだ経験やそこで得た知見は広く共有されません。

しかし、同じように苦労をして、情報を求めている人はたくさんいるのです。

また、リクルートが展開している領域は、他人の経験談や事例を求めている人が多いので、自分の体験に価値がある可能性が高いです。実際、僕が知っている副業で大きな金額を稼いでいる人の多くが、リクルートと同じ領域で副業を展開しています。この領域にはまだまだチャンスがあるのです。

④自分が稼ぐ「売り上げ目標」を決める

副業でお金を稼ぐには「稼ぎたい額＝売り上げ目標」を決めることも必要です。どの会社にも売り上げ目標があるように、副業でも目標を設定しましょう。

副業は、ただでさえ〝サブ〟の仕事なので「時間がなくてできなかった」とか、「気がついたらやらなくなっていた」ということになりがちです。しかし、目標を立ててコミットしていかないとお金を稼ぐことはできません。

また、**目標金額を決めることで、やるべき副業も決まってきます。**

極端な例ですが、売り上げ目標を月間1000万円にしたとします。「自分が得意なのは不動産の領域だから、この知識をｎｏｔｅで有料販売しよう」と決めて、一冊500円で売り出した場合、2万人に購入してもらう必要が出てきます。

月間で2万人に販売するのは、ほぼ不可能。それならｎｏｔｅではなく不動産投資をしたほうが売り上げ目標を達成するには現実的です。

極端な例かもしれないですが「稼ぎたい額によって、やるべきことが変わる」ので、自分の目標を実現できるやり方を選ぶようにしてください。

この例の場合、時系列を絡めて「3年後にnoteで年間1000万円を稼ぐ」とすれば、SNSを通じた自己ブランディングなど、自分のやり方次第では十分実現できる目標になると思います。

これから副業をしようと思っているなら、まず自分の経験と知識を活かせるのはどの領域か、そのうえで**自分はどれくらい稼ぎたいのかを明確にすること**。最初はそこから始めてみましょう。

⑤「転職アンテナ」はなぜ成功したのか？

実際に僕が副業にしているブログでの事例をお伝えします。

僕は4度転職活動をしており、人材業界最大手のリクルートに在籍していたこともあります。リクルートでは就活に関わる仕事をしていたので、就活に限らず、人材領域に関する様々な知識が身につきました。

また、働くなかで人材広告に興味を持ったこともあり、プライベートでもTwitterなどを通じて就活や転職に関する知見を発信し、ユーザーからの反応を見ていました。その**発信に対する反応から、「自分がこれまでに溜めた知見」にはニーズがあると気づいた**のです。

こうした理由から、本業と同じ人材というマーケットで、自分が転職経験とリクルートで得た知見を活かし、「就活と転職に役立つ情報配信をするブログ」を作ることにしました。

転職の領域について調べてみると、アフィリエイト報酬が高いため、多くのアフィリエイターが情報を出しています。しかし、いずれも実体験ではなかったり、自分よりも転職に関する知識が薄い人が多く、少なくとも、実際に本気で転職活動をした僕からすると、多くが役に立たない情報ばかりでした。

逆に言えば、本当に役立つ情報を出せば、価値のあるコンテンツになるのでは、と思ったのです。

転職というジャンルは、転職する人が増加する傾向にあり、なおかつ、利益率が高いためお金が潤沢にあるマーケットです。転職が一般的になってきたことにより、情報を調べるユーザーも増え続けています。

それにもかかわらず、年収を上げる転職方法や、本当に役立つ転職サイトなどの情報はまだまだ少なく、僕自身も転職活動で非常に困った経験がありました。そして同じような声をＴｗｉｔｔｅｒでも見かけたので**「困っている人が存在する＝発信する価値がある」**と考えたのです。

早速、自分で多くの転職サイトや転職エージェントを利用した経験をもとに、それぞれのいいところ、悪いところをまとめつつ、僕がリクルートで得た専門的な知識も交じえて「転職アンテナ」を作りました。２年の時を経て、現在では年収４０００万円を稼ぐメディアにまで成長しています。

よく「たった19記事で年収４０００万円も稼げるんだ。ブログってラクそうでいいね」と言われることがあります。しかし、このブログは20歳から今に至るまでの十数年の経験と、4度の転職活動で得た知見の凝縮です。

大切なのは記事の数ではなく、自分の経験を出し惜しみすることなく発信し、**「人の役に立つ内容」を生むこと**なのです。

「ブログで年収4000万円」というフレーズはキャッチーで、フィーチャーしやすいものですが、地方のホームセンターで働きながら毎日のように転職サイトを眺め、年収を伸ばす方法を考えつくし、そのための準備を誰よりも怠らなかった結果が、この金額です。

副業を推進する風潮はおおいに賛成ですが、「ラクして稼げる」といった言葉に踊らされるのは違います。一生懸命に努力すれば結果はついてくるものですが、誰でも簡単に稼げる手段はありません。自分の努力があってこそ、お金になるのです。

副業で大きな金額を稼いでいる人の多くに共通するのは、本業と副業のどちらにも努力を怠っていないことです。成果にこだわって、人の役に立つ情報を継続して発信しています。

自分の本業と過去経験と知見を活かして、**お金のあるマーケットで、人の困りごとを解決する。**「転職アンテナ」の根本はここにあります。

⑥本業と副業の「時間の使い方」

僕は、本業も副業も平日にやっています。仕事の割合はざっくり本業7割、副業3割です。

僕のいる会社は、社長を含めて副業で自分の会社を持っている社員が3割ほどいます。なかには「副業の延長で本業をしている人」もいるので、良くも悪くも、本業である会社への帰属意識がほとんどありません。

「稼ぐことが正義」という風潮のある会社なので、副業のアポイントでも、平日のスケジュールに入れて稼働しています。就業時間中に、平然と副業をしてもとがめられないのが、ほかの会社との大きな違いだと思います。

僕は今の会社の考え方がとても気に入っています。副業の売り上げが伸びれば、その経験が自分の市場価値を押し上げて、結果として本業の会社に還流されて売り上げも伸ばせる……。まさに**「本業の成果に副業をかけ算」する考え方**で成り立っています。

ただし、自由にやらせてもらっているぶん、本業での成果は想像以上に高いものを求められます。副業に力を入れすぎて本業の目標を達成できなければ、容赦なく評価が下がりますし、副業が社内で共有されているぶん、社員としての成果が出せなければ「副業があるんだし、キャリアを考えたら？」と、暗に退職をすすめられてしまいます。

そのため、本業と副業のバランスはとても大切にしています。あくまで社員としてのパフォーマンスありきの自由である、という統制がなされているので、自分の市場価値向上のためにも、日々本業での成果を追い求めています。

ほかの会社よりオープンに副業できる環境である、という特徴はありますが、本業も副業も、平日に割ける時間にはやはり限界があります。そのため、時間の効率化にも力を入れています。

まず、本業での時間の効率化ですが、僕はお金で買える時間はお金で買っています。例えば「これは自分でやる必要はない」という仕事は、すべて外注しています。同じように、一緒に働いているメンバーにもその判断をさせ、外注をよしとする文化をつくったのです。

時間だけでなく、**「自分の時給」を上げる働き方**を意識できる組織にすることが、僕の一つの目標でもあります。

ほかにも、「社員ミーティングで時間と場所をムダに縛ったりしない」、「行く必要のないアポは電話で終わらせて移動時間を削減する」など、できる限り時間をつくることを意識しています。

また、僕は移動時間を有効活用しています。タクシーに乗って車内でコンテンツを作ったり、終日外回りであれば会社には出社せず自分の個人会社で借りているオフィスを拠点に行動したり、限りある時間を有効活用しています。

サラリーマンは「時間給」ではありませんが、いかに効率よく働くかが自分の「時給」を左右します。時間は有限なので、いかに時間を生み出すか?という視点を持って効率化に励まないといけません。

次に、副業における時間の効率化ですが、僕が副業をするうえで最も大事にしているのが**「自分がかけた時間に対する売り上げ」**です。

例えば、3時間をかけて書いたnoteの売り上げが100円だったら、時給は約33円です。コンビニでアルバイトをしたほうがマシです。

こうならないためには、「短い時間で、質の高いコンテンツを出す」しかありません。質の高いコンテンツは、SNSなどで話題になり、そのコンテンツ自体が人を集めてくれるので、副業においては最大の効率化になります。

ダラダラと価値の低い内容を発信し続けるよりも、一球入魂で、毎回、脳みそに汗をかいていいモノを作ったほうが、自分の資産になります。

量が質を生むともいいますが、副業の場合は「ひとつのコンテンツで、いくら稼げるか」が自分の時給になるので、なるべく時間をかけず、「勝手にコンテンツがユーザーを連れてきて稼いでくれる状態」を目指すことが大切です。

僕は、**短時間で質の高いコンテンツを作り出すために「事前リサーチ」を徹底**しています。

例えば、メンバーとランチに行ったとき。その場で「noteでこういう話があったら、いくらで買う?」とか、「voicyでこんな話をするんだけど、具体的に何を聞きたい?」と、ユーザーヒアリングをします。それによってハズれのないコンテンツを作るようにしているのです。ブログやnoteを書き終わった後も、仲のいい友人何人かに内容を送ってフィードバックをもらい、「誰もが理解できる状態」にしてから出すようにしています。

こうした作業には同僚や友人の手伝いが欠かせません。僕はnoteの売り上げで飲み代をおごったり、noteやTwitterには書いてない自分の経験を伝えたりすることで、手伝ってもらうことへのお返しをするようにしています。

「自分だけ儲かればいい」という発想でいると、「あの人は仕事よりも副業を優先している」ような見え方になり、別に悪いことはしていないのに、本業にマイナスの影響を及ぼす可能性も出てきます。

自分さえよければいいという働き方をしているうちは、周りの協力を含め、本業も副業も大きくならないと思いますので、バランスは大切にしてください。

また、寝る間も惜しんでブログを書くなど、過度な努力をして稼ぐのも本質的ではないので、くれぐれも無理をしないようにしてください。

もしどうしても時間をつくれない、という人は「意識のない時間」をつくらないようにするといいです。家に帰って無意識のうちにテレビをつけて、特に何も考えずビールを飲みながらダラダラと見てしまう、というような「意識のない時間」は真っ先に削れます。

「時は金なり」という言葉があるように、時間をお金にしていく考え方を持ちながら取り組むと、日々の生活も変わってくると思います。

Twitterで個人ブランディングから始める

僕の経験上、副業で得られる収入や本業の市場価値を最大化するには、「個人のブランディング」がとても重要だと考えています。特に副業では「企業の看板」がないため、個人が「何者か」になる必要があります。

そのためのツールとしておすすめなのがTwitterです。

僕はTwitterを主戦場として副業を展開しています。Twitterを使ううえでは、**「転職＝motoさん」「副業＝motoさん」という特定のキーワードで第一想起される存在**を目指すことに注力して「個人のブランド化」を進めてきました。

僕は第一想起される存在になるために、自分が得意とする分野の「専門家」としてユーザーから「指名される状態」を目指したのです。

芸能人や有名人であれば、登録して「Ｔｗｉｔｔｅｒはじめました」とつぶやくだけでフォロワーは集まりますが、多くのサラリーマンは無名であるため、自分で名乗ったところで、フォロワーは集まりません。もれなく僕もそうで、Ｔｗｉｔｔｅｒを始めたときのフォロワーは友人や知人しか増えませんでした。しかも、僕の場合は匿名でアカウントを運用しているため、リアルでの繋がりもゼロです。

誰も「ｍｏｔｏさん」を知らないところからスタートしました。

それでもＴｗｉｔｔｅｒを選んだ理由は「何を言うか」で注目を集められる点にあります。オフラインでは「誰が何を言うか」が重視されますが、Ｔｗｉｔｔｅｒは伝えた内容が共感や議論を呼べば、自然と拡散されます。

とはいえ、誰もが知る営業のプロがセールス術についてつぶやくのと、匿名で誰にもフォローされていない人がセールス術をつぶやくのでは、まったく同じ内容のつぶやきであっても「**情報の信頼度**」が違います。

つまり、Ｔｗｉｔｔｅｒでは「**何を言うか**」と同時に、「**何者かになる**」ことも重

要なのです。

僕は、「何者かになる」には「自分が誰よりも詳しい分野の情報を、誰かのためになるかたちでツイートし続けること」が大切だと思っています。

Ｔｗｉｔｔｅｒには、自分の得意分野で個人ブランディングをしている匿名アカウントが数多くいます。「恋愛工学」や「マーケティング」「起業家」「ブロガー」など、自分が得意とする分野の情報を発信し、「○○の分野だったら○○さん」という、自分の認知を広げ、ブログやｎｏｔｅ、メルマガなどを通じて、「自分を応援してくれる人」を増やしているのです。

他者から「何者かである」と認められるためには、誰かの役に立つ情報を発信し続けなければいけません。昨今では「Ｔｗｉｔｔｅｒのフォロワー数を増やす」ことを目的に運用する人も増えていますが、フォロワーの数を追うことは本質的ではなく、**大切なのは「自分を応援してくれてる人」を増やすこと**です。

①共感性の高いコンテンツでフォロワーを呼ぶ

近頃、SNS戦略として「まずはフォロワー1000人を目指す」という風潮があります。しかし、「1000人」という数字目標はいいと思いますが、「どのような1000人なのか」という中身を意識するほうが重要です。

自分の意見に**批判しかしてこない1000人を集めても意味がありません。**自分の意見に興味や共感を示してくれる1000人を集めるのが鉄則です。

その第一歩としては、「共感されるツイート」を考えるのがおすすめです。誰もが共感してくれるツイートであれば、同じような考えの人が拡散してくれます。

僕は、フォロワーがゼロのとき、自分が得意とする転職や副業、年収に関するニュースに対し、単に自分の意見を発信するのではなく、「同じニュースで最も『いいね！』を獲得している、自分と同じ考えのツイート」を参考にしながら、自分の意見をツイートしていました。

すでに多くの人が共感している考えと同じ意見を発信することは、必然的に共感性が高いツイートになります。こうした発信には「僕もそう思った」、「僕の言いたかったことを代弁してくれた」と感じ、「いいね！」やリツイートが集まります。

しかし、初期の段階では、ただつぶやくだけでは誰も見てくれません。なので、**同じ意見を発信している人のツイートに「引用リツイート」というかたちでコメント**して発信する方法をとったのです。こうすることで、引用された側の人がさらにリツイートしてくれる可能性が高くなります。

自分の意見が多くの人の共感を得られれば、自然と拡散されていき、数多くのフォロワーを持つ人のところに届きます。彼らは情報感度が高く、Ｔｗｉｔｔｅｒをしている時間も長いため、話題になったツイートは必ず目にします。

彼らが同じように共感してシェアしてくれれば、そのツイートの焦点は「これは誰が発信したものなのか？」という点に変わっていきます。

プレゼンなどでもそうですが、開始早々に「はじめまして、ｍｏｔｏです」と名乗ってプレゼンするよりも、「〇〇というプロジェクトを担当したｍｏｔｏです」と伝えたほうが「何をやった人なのか」が相手に伝わります。

「自分の名前」で人を連れてくるのではなく、**「共感度の高い自分の意見」を発信することで人を連れてくる**ことが大切です。こうしたつぶやきを日々継続することで「自分の意見に関心を持ってくれる人」は増えていきます。

「最初のフォロワー１０００人」を集めるうえで大事なことは、「共感度の高い自分の意見」を発信して「自分と同じ意見を持っているこの人は、一体誰なのか？」という「つぶやきの先に自分がいる状態」をつくることです。

誰かと違う意見を言うことで逆に目立つこともできますが、自分を応援してくれる人を集めるには、この方法が最もいいと思います。

②共感してくれるフォロワーを大切にする

フォロワーを増やす方法は、大きく2つあります。先に紹介した**「共感でファンをつくる方法」**と、**「見せ物によって人を巻き込む方法」**です。

フォロワーの多い人のなかには、公開議論によって注目を集める人がいます。意識的に偏った意見を投げかけ、ときに煽りながら、人を巻き込んでいくスタイルです。

しかし、その発信で集まってくるフォロワーは、「自分を応援してくれる人」ではなく、面白がって議論を外から見ている人たちです。火事場に駆けつけてくる野次馬のようなものです。

面白がってフォローしてくる人ばかりを抱えてしまうと、ツイートへの共感度、つまりエンゲージメント（リツイートや「いいね！」の数）が大きく下がります。

数十万人のフォロワーがついていても、一つひとつのツイートに対する反応が異様に少ない。そんな「プロフィールの見た目」だけがよい状態では、誰も自分の発信に関心を持ってはくれません。

「フォロワー数＝影響力」と考える人は多くいますが、フォロワーは数ではなく、あくまで**「自分に対する関心度の高いフォロワーの存在」**が大切なのです。

僕はＴｗｉｔｔｅｒを始めた初期から「共感でファンをつくる」ことに専念してきました。自分が得意とする分野で、共感性の高い意見を中心に発信し、ときには人の役に立つ情報も出すことで、自分の考え方を伝えてきたのです。

その結果、僕の意見に共感してくださるフォロワーが増え、今では数十万人のフォロワーがいるアカウントよりも、投稿のエンゲージメントの高い状態をつくることができています。

結局、リアルでの人間関係と本質は同じです。人の批判や自慢話ばかりして注目を集めても、自分を応援してくれる友達は増えません。また、自分を応援してくれる人を大切にできない人間にも、人はついていきません。

自分を応援してくれる人を大切にすることこそが、フォロワーを増やすうえで最も大切な姿勢だと思います。

③ＳＮＳは「万歩計の歩数」と同じ

Ｔｗｉｔｔｅｒを眺めていると、フォロワーの数が多く、たくさんの人から共感され、注目されるアカウントが目につきます。「いつかは自分も影響力を持ちたい」と考える人も多いでしょう。

早くフォロワーを増やしたい、目立ちたい、という気持ちはわかりますが、焦ったところで何も変わりません。むしろ、変に目立った発信をして、自分にとってマイナスの印象を与えてしまう可能性のほうが高くなります。

Ｔｗｉｔｔｅｒのフォロワー数は**「万歩計の歩数」**と同じです。自分がコツコツと積み上げてきたことが歩数になるのです。

毎日少しずつ歩いて、着実に歩数を積み上げることが、何よりも近道です。まれに瞬間風速的にフォロワー数が急増し、いきなり「何者か」になることもありますが、一過性であることが多く、〝消費〟されて終わってしまいます。

また、自分の精神力が追いつかない状態でフォロワーを急増させるのも非常に危険です。多くの人の目に留まるということは、肯定的な意見だけでなく、自分に対する心ない批判も数多く集まります。

フォロワーが100人のときとは寄せられるコメントの数が大きく変わるので、自分が耐えられるかどうかも重要になります。毎日少しずつ歩くなかで、いろいろな意見を受け止めながら成長することが、Twitterで「何者か」になるには大切なのです。

特に、承認欲求が先に立つ発信は、多くの人の妬みを買うので、必ず批判が出ます。お恥ずかしい話ですが、僕にもそうした経験が一度だけあります。

現在の「転職アンテナ」を始める前、僕はほかのブログサービスを使って月に約2000万円を稼いでいました。当時、その金額をツイートしたら「そんなのは嘘だ」「でっちあげだ」というコメントが数多く集まり、承認欲求の高かった当時の僕は、その意見に反応してしまったのです。

Twitterに収入を証明する写真を投稿し、反論したところ、返ってきたのはより一層の反感。その翌週には、僕が使っていたブログサービスの会社に多数の通報があったようで「収益目的で運営している」という点で規約違反とみなされ、当時のブログは閉鎖されてしまいました。

僕はこの経験から、**自分からアピールしなくても、世の中から認められる状態**を目指そうと考えました。焦ってフォロワーを増やしたり、自分の承認欲求を満たすために発信したりすることは、誰のためにもなりません。

万歩計の歩数のように、日々歩き続けることを意識するようになってからは、得られる収入も増えました。結局は現実世界と同様に、**「与える人こそが、成功する」と**いう〝**GIVE AND GIVE**〟の**本質**を持つのが大切だったわけです。

④フォロワーのフォロワー数も意識する

僕はTwitterを運用するうえで、自分のフォロワー数をまったく気にしていません。それよりも、**「フォロワーのフォロワー数」を重視**しています。

すでにツイッターのアカウントを持っている人は、今のアカウントで「よく自分の意見をリツートしてくれる人」をチェックしてみてください。そして、その人のフォロワー数を見てください。それが本当の「自分のフォロワー数」です。

例えば、自分のフォロワーが1人しかいなかったとします。しかし、この「フォローしてくれている人」のアカウントに10万人のフォロワーがいたら、どうでしょうか。この1人のフォロワーがリツイートしてくれることで、10万人に届けることができるのです。

反対に、あなたにどんなにフォロワーがいても、そのフォロワーにフォロワーがついていなければ、自分のフォロワーを大きく超えて拡散されることはありません。目先のフォロワー数だけを見るのではなく、自分のツイートに反応してくれる人のフォロワーを見ることが大切なのです。

フォロワーのフォロワー数や、その先にいるフォロワーの属性まで考えて運用することで、自分の認知度はどんどん拡大していきます。こうした戦略を描きながら運用することで、「自分のブランド」がつくられていくのです。

SNSで自分をブランディングするうえでは、こうした考え方を持つことがとても大切なので、参考にしてみてください。

副業でお金を稼げない人の特徴

会社が禁止していない限り、副業は誰にでもできます（実際には会社に内緒でやっている人も多いですが）。ただ、副業が解禁されたことで喜ぶ人もいますが、副業をやれることと、お金を稼げるかどうかは別問題です。

僕が副業に向いていないと思う人は「ラクして稼ぎたい」とか、「やる前から儲かったことを想像して心配してしまう」という人たちです。

転職相談でも同じようなことがあるのですが、求人に応募する前から「グーグルに内定できたら、どうしよう」と空想したり、「希望年収が通ったらどうしよう」と、タラレバを想像して満足してしまう人は、副業に向いていません。

サラリーマンも同じですが、お金が発生する以上、どんな形態であれ「ビジネス」です。つまり、ラクして稼げることはまずない。結果的にラクして稼いでいる人はいますが、そういう人はそれまでに相当な努力をしています。

「ラクして稼ぎたい」という動機で副業をスタートさせると、間違いなく稼げずに終わります。

僕は本業と同じく、**成果や目標にコミットして、あきらめずに継続できる人**が副業に向いていると思います。もちろん、ブログを書いているだけで稼げたらそれにこしたことはないですが、「なぜ、その人たちが稼げるようになったのか？」という視点で考えられないと、自分にお金は回ってきません。

たとえ自社が副業禁止であっても、まずはコンテンツを出してみることが大事です。会社にはお金を稼げるようになってから報告すればいいだけです。副業禁止を理由に行動しない人は、今後も稼ぐことは難しいと思います。

何かしらの行動を起こさないことには、何も始まりません。**稼ぎたいのであればアクションをすることです**。ブログ、note、Twitterなど、今すぐ始められるツールはインターネット上に溢れています。

やるか、やらないか。ただそれだけで生涯年収は大きく変わります。

第 5 章

生涯年収を最大化する生き方

本業を頑張ることで成果を出し、その成果をもって転職する。

本業で成果を出すなかで得た知見を、個人で発信することで副業にする。

僕は、**本業での成果に転職と副業を「かけ算」**することで生涯年収を最大化してきました。これまでのキャリアで得てきたことは、本書にすべて綴りました。

最終章となる第5章では、生涯年収を最大化するための「生き方」について、お伝えしたいと思います。

副業年収4000万円でもサラリーマンを辞めない理由

「なぜ、副業の収入が多いのに、サラリーマンを辞めないのですか?」と、よく聞かれます。

本書でもお伝えしているように、僕の副業の情報源は「サラリーマンとしての経験」です。そのため、サラリーマンを辞めてしまうと、自身の経験や知見をアップデートすることができなくなり、副業でお金を稼ぐことが難しくなります。

人の役に立つ情報は、常に最新かつ本質的なものでなければなりません。サラリーマンをしながらインプットを得ることは「自分の商品」を仕入れるのと同じ行為なのです。

また、副業収入の多くを「ブログ」に依存している点も、サラリーマンを辞めない理由の一つです。

ブログやＹｏｕＴｕｂｅといったコンテンツは、すべてグーグルの上に成り立っています。**仮に独立した場合、グーグルの一存でいつどうなるかわからない**状態で生活をしなければなりません。それはサラリーマンでいるよりもはるかにリスクが大きいことを意味します。

「ブログで会社の給与と同じ額を稼げるようになったら独立しましょう」という発言を目にしますが、年に数千万円を稼ぐ僕でも、ブログだけで独立するという選択はしません。あまりにもリスクが大きいのです。

また、ブログだけで独立することは、社会との接点や自分へのインプットの機会も大きく減ります。インプットが減っていくと、最終的に「自分の人生」をコンテンツにするしかなくなり、日々の生活を切り出すかたちで〝自転車操業〟するしかなくなってしまいます。

自分の人生から「引き算」してコンテンツを出していくことは、先細りの可能性が高く、非常に危険です。一時期話題になった「ブログで独立するために大学を辞めました」という学生は、今どこで何をしているのか。**世の中の流れはとても速く、すぐに消費されてしまう**のです。

一時期、「サラリーマンという働き方は搾取されている、社畜にならないほうがいい」という風潮がありました。しかし、個人的には、サラリーマンという形態が社畜なのではなく、**働くうえでの「スタンス」が問題**なのだと思っています。

いつまでも会社に依存している人は社畜かもしれませんが、会社に依存せず、副業や社外活動を通じて活躍しているサラリーマンは、社畜ではありません。

逆に、フリーランスになっても、クライアントの言いなりになった仕事をしているようでは、社畜と変わりません。**働く形態を問題視するのではなく、自分がどう働くかを議論の的に据えるべき**です。

僕は、会社を利用しながら自分のキャリアを実現し、その過程で得た知見を副業に還流することで生涯年収を最大化する働き方を選んでいます。だからこれからもサラリーマンという立場を選び続けます。

本書を読んでくれたあなたがもし、副業で本業と同じ額を稼げるようになったとしても、すぐにサラリーマンを辞めることはおすすめしません。それよりも、週3日間サラリーマンをやって、週2日は自分で好きな時間を過ごすことで、人との繋がりや社会との接点を持ち続けたほうがいいです。

転職と副業のかけ算で「1万分の1」の人材になる

転職と副業は、サラリーマンであれば誰でも使うことができる「術《すべ》」です。しかし、これをかけ合わせてキャリアを組み上げている人は、まだ多くはいません。

僕は自分の市場価値にこだわってキャリアを築いてきました。そのなかで編み出したのが**「転職と副業のかけ算」**です。

ホームセンターの人事として出した成果に転職をかけ合わせて年収を上げ、転職を繰り返した経験に副業をかけ算することで収入を増やしてきました。同時に、様々な業界を渡り歩いたことで、自分の市場価値も高めてきました。

市場価値を高めるうえで大切なのは、キャリアの「かけ算」です。本書で紹介した

「軸ずらし転職」は、まさに市場価値を高める過程で得た転職方法です。

また、副業でも、本業を利用していくつかの分野の知見をため、そこで得た情報をかけ合わせて発信することで、個人のブランドは築き上げられます。

本業と副業、転職のいずれにも必要なのは「かけ算」です。

かけ算は元の値が大きいほうが、かけ合わせたときの積も大きくなります。なので、本業で十分な経験や成果を上げ、数字を大きくすることが重要です。元の値が小さいままでは、何をかけ合わせても市場価値は上がりません。

ある分野で圧倒的に突き抜けて「100万人に1人の存在」になることは難しいですが、本業で努力を重ねることで特定の分野で「100人に1人」の存在になることはできると思います。

同じように転職して別の分野で100人に1人の存在になれば、100×100で**「1万人に1人の価値を持つ人材」**になることはできます。

会社員として働く以上は、企業に求められる「市場価値の高い人材」であり続ける

転職と副業のかけ算で
1万分の1の人材になる

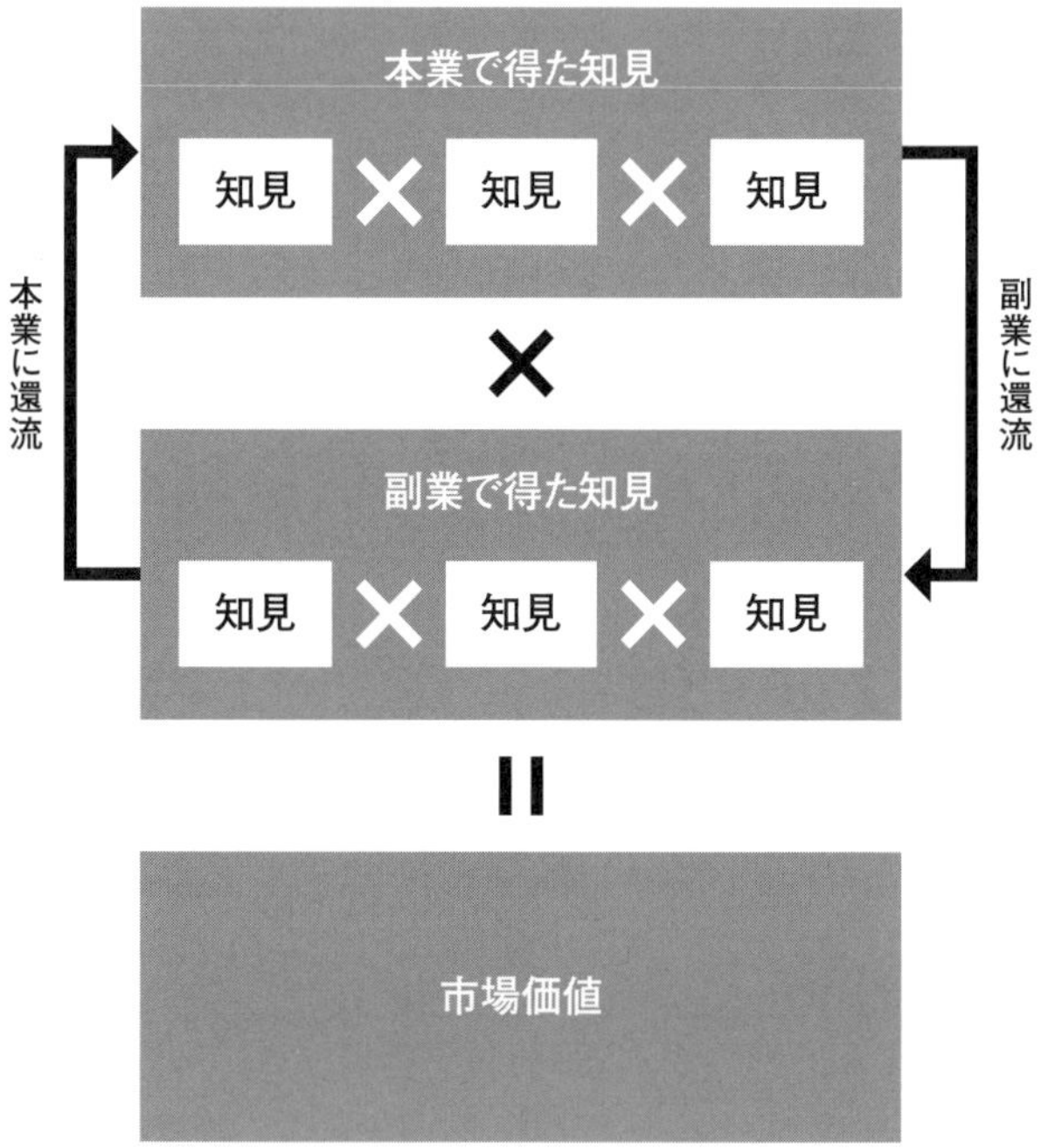

必要がある一方、会社に依存するだけの人材になってはいけません。本業で得た知見を副業にかけ合わせ、「個人としての稼ぐ力」を高めていってください。

それが、生涯年収を上げる「生き方」に繋がるのです。

生涯年収8億円をサラリーマンで目指す

日本のサラリーマンの生涯年収は平均2・5億円といわれています。22歳から働きはじめ、65歳で定年を迎えるまでに稼ぐ金額です。

僕は、**生涯年収の目標を8億円に設定**しています。自分が欲しいものを考えていった結果、8億円は必要だという結論に至ったからです。

国内最大手の商社でも生涯年収は約6億円と言われています。

新卒で入社して、最初の10年間の平均年収が約1000万円、次の10年間の平均年収が約1500万円、定年までの平均年収が約1800万円、そして最後に、退職金が約3000万円支給されることで、合計で6億円を超えてくる計算です。

しかし、大手で生き抜くには、覚悟が必要です。どんな雑用もこなし、自分より能力が低い人と同じ給料でも文句を言わず、上司がどんなに役立たずでも頭を下げ、理不尽な案件も顔色ひとつ変えずに引き受ける。社外で若くして活躍する友人が羨ましく見えても「出世のため」と割りきって笑顔で流す。

これを40年も続ける必要があるのです。

しかも、彼らは激務であることから、平均寿命が短いという統計も出ています。お金とトレードオフで寿命を削るのはナンセンスだと、僕は思っています。

では、**国内トップの商社に入らずに「生涯年収8億円」を稼ぐ**にはどうしたらいいか。

単純計算すると、大学を卒業し、定年である65歳までの43年間を年収1000万円で過ごして生涯年収は4億3000万円。新卒から定年まで、年収2000万円を稼ぎ続けて8億6000万円になります。

もちろん、いきなり22歳で年収2000万円を稼ぎ、それを65歳になるまで継続するというのはほぼ不可能です。しかし、20代を稼ぐ土台づくりに充てて、30〜50歳の20年間で、年収4000万円を稼ぐことができれば「生涯年収8億円」を達成できます。これでもまだ非現実的かもしれませんが、32歳の今、僕は実際に年収5000万円を稼ぐことができています。新卒で入社したホームセンターでの生涯年収は、もうすでに稼ぎきったと思います。

この数字は、本業での成果に転職と副業をかけ算したからこそ、実現した数字です。当然ですが、サラリーマンの給料だけでは到底実現できませんでした。

僕自身もまだ実感はありませんが、新卒でホームセンターに入る前から決めていた目標を達成するために行動し続けたことが、こうした結果に繋がったのだと思います。

僕は常に、**「行動を起こさないことこそ、最大の失敗だ」**と考えています。

転職も副業も決して特別なことではなく、誰にだって使える手法です。

実際、僕の周りには、転職と副業のかけ算をしてキャリアを築いている人が何人もいます。

ある知り合いは、新卒で無名企業に入社し、3回の軸ずらし転職を経て外資系大手メーカーに入社しました。副業では自分が好きなガジェットを発信するブログを運営し、今でも月に数百万円を稼いでいます。彼はブログの内容が本業でも評価され、希望していたネットマーケティングの部署に異動しています。

ほかにも、6回の転職を経て、年収2700万円を得ながら、副業で月数十万円を稼ぐ人や、転職を一度して年収430万円をもらいながら副業では月20万円を稼ぐ人など、転職と副業を活用することで収入を増やしている人は、徐々に増えています。

大切なのは行動することです。やるか、やらないか。ただそれだけで生涯年収を変えられます。

僕はこれからも「生涯年収8億円」に向けてできることを、やり続けます。

転職と副業のかけ算

冒頭でも述べましたが、これからの時代はただ真面目に働いて、会社の指示を完璧にこなすだけでは年収もキャリアもアップしません。会社に依存するのではなく、会社で得られる機会を利用して自分の価値を伸ばし、転職や副業を通じて、社会に対する提供価値を最大化していくことが必要です。

日々の仕事で成果にこだわり、自分の成果に転職と副業をかけ合わせることで、生涯年収を最大化する。この手法は、**令和を生き抜く一つの解**だと思います。

地方のホームセンターで年収240万円から始まった僕のキャリアは、転職と副業をかけ算することで、本業年収1000万円、副業年収4000万円を稼ぐまでになりました。

しかし、僕もまだ道半ばです。決して会社に依存することなく、これからも転職と副業をかけ算しながら、まだ見ぬキャリアを歩んでいきます。

「給料はもらうものではなく、稼ぐもの」

自戒の意味を込めて、この言葉をもって本書を締めさせていただきます。

おわりに

父は僕が25歳のとき、癌で亡くなりました。僕は父のもとで育ったことに感謝していますし、今でも父の背中を追いかけています。

自営業だった父は、「サラリーマンなんてつまらんもんだ、なるもんじゃない」と常に口にしていましたが、僕は今、サラリーマンを楽しんでいます。

今の僕の姿を、父が見たらどう思うのか。そんな想像をしながら、僕なりに人生を歩んでいます。


僕は短大時代に、腕時計や車に興味を持ち「お金持ちになりたい」と強く思うようになりました。お金がなくてもできることと、お金がないとできないことの両方を経験できる大人になりたい。これは今でも変わらず、稼ぐキャリアを実現するための強い原動力となっています。思えば、小学生時代も欲しかったLEGOを買うことに夢中になっていたことを覚えています。

欲求以上に、人を動かす原動力はありません。

「やりたいことがない」「目指したいこともない」という人も多いと思いますが、第3章に記述した「やりたいことがない人のキャリアの描き方」を参考に、自分がなりたい姿を想像してみてください。僕もやりたいことのない人間でしたが「お金を稼ぎたい」という願望を〝目標〟にしたことで、このキャリアを実現しました。少しでもこの考え方が、皆さんの役に立てば嬉しいです。

自分の願望を叶えるためにキャリアを伸ばしている人は多くいます。例えば、僕がリクルートに入社して出会った先輩・NMさん。彼は「目黒に一軒家を建てる。自分の城を持ちたい」という強い願望を持ち、「リクルートにいて買えるマンションの金額はこんなもんやったわ。このままだとあかんから、俺は転職するわ。お前もはよ転職したほうがええで」と、入社初日の僕に言い残し、サクッとリクルートを辞めていきました。

彼は3度の転職を経て、今は某ファンドで働いています。彼のリクルート時代の年収は800万円でしたが、今ではキャリーを合わせて年間数億円を稼ぐサラリーマンになっています。まだ目黒に家は買っていないようですが、自分の願望を実現するためにキャリアを推し進めている姿を、僕はとても尊敬しています。

「お金持ちになりたい」とか「お金を稼ぎたい」という欲は、決して恥ずかしいものではないと思います。

もちろん、お金がすべてではないですし、お金を稼ぐことを目的にするよりも、お金を稼ぐ過程で得られる経験や人との繋がりのほうが、人生の幸福度を上げる要素になっていることは間違いないです。仕事や人脈は、お金で買うことはできません。

しかし、生きていくうえではお金が絶対に必要です。

僕は年収5000万円を稼いで欲しいものを買っていますが、家賃は月16万円、携帯電話は格安SIM、食事は小さい頃に制限されていた反動からファストフードやカップラーメンを食べることが多く、服は消耗品と捉えてセールで買うようにしています。サラリーマンであっても、いつどうなるかわからないことから、生活水準を上げないように心がけ、趣味の時計や嗜好品も資産価値の落ちないものを買うようにしているのです。

お金は自分の身を守るツールの一つです。稼ぐだけでなく、その使い方も大切です。

僕はこれからも「生涯年収8億円」を目指して、貪欲に行動していきます。まだまだ欲しいものもありますし、お金を稼ぐことでしかわからない「まだ見ぬ景色」を見たいと思っています。そのためにも、今の自分にできることをして、将来の自分を創っていきます。

繰り返しになりますが、これからのサラリーマンに必要な考え方は「市場評価に軸を置く」、「看板のない自分にできることを考える」、「自分の値段を把握する」という「個人」に対する価値を軸にすることです。この前提をもとに、改めて本書を読み返してもらえたら、具体的なノウハウも「小手先のテクニック」にならずに使えるはずだと思います。

「何かをする」のに、遅すぎることはありません。この本をきっかけに、少しでも自分の思考をアップデートして、明日からの行動に繋げてもらえたら幸いです。

最後に、普段から応援してくださっている僕の会社のみなさま、Ｔｗｉｔｔｅｒやｎｏｔｅ、ｖｏｉｃｙなどを通じて、いつも温かい声を届けてくださるすべての人に感謝の意を伝えて終わりたいと思います。

今、僕がこうしていられるのは、みなさんのおかげです。いつも本当にありがとうございます。これからも引き続き、よろしくお願いします。

また、同じジョブホッパーとして、的確なアドバイスをくださった先輩・ＮＭさん、最後まで意見をくださり、本当にありがとうございました。

本書を一緒に作ってくださった扶桑社の秋山さん、モメンタム・ホースの長谷川さん、オバラさん。またどこかで一緒に仕事をしましょう。その日が来るよう、僕も成長し続けます。

２０１９年８月　ｍｏｔｏ

転職と副業のかけ算

生涯年収を最大化する生き方

発 行 日　2019年8月9日　初版第1刷発行

著　　者　moto
発 行 者　久保田榮一
発 行 所　株式会社 扶桑社
〒105-8070
東京都港区芝浦1-1-1　浜松町ビルディング
電話　03-6368-8875（編集）
　　　03-6368-8891（郵便室）
www.fusosha.co.jp
印刷・製本　図書印刷株式会社

　ISBN978-4-594-08272-7